トランプ圧勝
なぜ米国民は彼を選んだのか
日本では報道されない
「悪夢の米国民主党政権」
カナダ人ニュース
やまたつ
徳間書店

目次

第一章　悪夢の民主党政権

第二章　裸のグローバリスト

②「社会主義者の46の目標」から見る現在

第三章　不法移民による惨状

①アメリカは侵略されている

③不法移民ビジネス

④不法移民の被害者たち

第四章　検閲産業複合体

①ツイッター・ファイル

カバー写真：ロイター／アフロ
装丁／ヒキマタカシ
DTP／C-パブリッシング サービス
校閲／麦秋アートセンター
編集担当／浅川亨

第一章
悪夢の民主党政権

①トランプの圧勝

■2024年大統領選挙

世界が注目し、衝撃を与えた2024年アメリカ大統領選挙。

共和党最有力候補ドナルド・トランプが4件の刑事起訴を受け、重犯罪で有罪評決を受けながらも選挙戦を継続、暗殺未遂に何度も遭っても止まらず、現職のジョー・バイデンが途中で選挙戦撤退を発表し、カマラ・ハリスが民主党候補として台頭し選挙の雰囲気が変わり、民主党が急伸。「トランプ圧勝」から、「激戦になる」「ハリスが圧勝する」と状況は一変。

ところが、蓋を開けてみれば、トランプ大統領の文字通り〝圧勝〟で幕を閉じました。英語ではLandslide（地滑り）の勝利とも表現されていて、激戦州すべてで勝利し、全米総得票数でもハリスを上回っています。

執筆段階で集計作業が完了していないため最終得票数は不明ですが、トランプ大統領は2016年、2020年選挙の総得票数を超えています。

人事承認権を握る重要な連邦上院議会は共和党が過半数を奪還。下院議会は共和党が過半数維持し、重要選挙すべてで勝利することができました。

■世論調査では拮抗していたが…？

今回の大統領選挙結果は、主要メディアの情報に頼っていた人は「驚き」の感情が強かったと思いますし、独自に情報収集をしていた人は、期日前投票のトランプ共和党の勢いを知っていたため、2020年の再来にならなかった「安心」の感情が強かったのではないでしょうか。

世論調査は拮抗していて、激戦という2文字をよく目や耳にしたと思います。しかし、実際は多くの大手世論調査会社・団体が意図的に激戦に見せていた可能性が指摘されています。

選挙予測サイト『538（ファイブ・サーティ・エイト）』の創設者ネイト・シルバーは「世論調査が不自然なほど拮抗している」と指摘していました。

アリゾナ、ネバダ、ジョージア、ノースカロライナ、ウィスコンシン、ミシガン、ペンシルベニア州7州すべてで誤差の範囲内の結果の世論調査ばかりが出る可能性は「9兆5000億分の1」と試算していたのです。

選挙直前になるほど、選挙結果が当たるかは別として、共和党か民主党のどちらかの候補者に大きく振れる世論調査が出るはずなのに、不自然なほど誤差の範囲内に収まったものばかりで、外れ値が極端に少なかったとシルバーは指摘し、「世論調査会社が、隠れトランプ支持者の存在による大外れを警戒し、どちらの結果でもいいように保険をかけていたのでは」と意見を述べています。

正確に選挙結果を当てた世論調査会社も存在し、『AtlasIntel（アトラスインテル）』や『Trafalgar（トラファルガー）』は高い精度で選挙結果を予測していましたので、その情報を知っていた人は、「ハリス優勢」「拮抗している」という報道しか見聞きしていない人とは違う景色が見えていたでしょう。

■Too Big To Rig

共和党が2024年大統領選挙でテーマにしていたのが「Too Big To Rig（不正出

来ないくらいの大差）」です。

２０２０年大統領選挙に事実上敗北し、２０２２年中間選挙で共和党が伸び悩んだ原因が期日前投票でした。

２０２０年選挙以降、アメリカの選挙の在り方が変わり、「Vote から Ballot の時代」に突入しました。

Vote も Ballot も「投票」に関する英単語ですが、Vote は「投票すること」を指し、Ballot は「投票用紙」のことを指します。共和党と民主党の選挙戦略の大きな違いが郵送投票でした。

共和党は選挙日に投票所で投票することを推奨する一方、民主党はとにかく郵送投票を大規模に推奨していました。共和党は昔ながらの大規模な選挙キャンペーンを実施し、有権者に政策・成果を訴え『投票所に行く人を集める』ことに注力していました。民主党は圧倒的資金力を武器にとにかく郵送投票の呼びかけ・イベントを実施し、『投票用紙をかき集める』ことに注力していたのです。

共和党は政治に興味・関心のある層を動かすことができるけれども、手軽な投票を推奨する民主党のような政治に興味・関心の薄い層を動かすことができていませんでした。

２０２２年選挙では、選挙日に共和党が優勢な地区で「投票機器が故障した！」「投票用紙がなくなった！」というような問題が多発したこともあり、２０２４年選挙では共和党は期日前投票を強化したのです。

２０２４年大統領選挙では、期日前投票の時点で共和党が優勢、または民主党との票差がほとんどない状態で選挙日当日を迎えることができ、選挙日当日の共和党の勢いが衰えることなく、勝利することができたのでした。

■勝因はアメリカ人の〝強さ〟

選挙が終わった後、「なぜトランプがここまでの勝利をしたのか」という分析がされていますが、今回の勝因を一言で説明しろと言われると、「アメリカ人の強さ」という、曖昧な表現しかできません。

たとえば２０１６年選挙のトランプ大統領の勝利は「隠れトランプの存在」とか、「緑の党がヒラリー票を食ったから」というような、的を絞った説明ができます。

２０２４年大統領選挙は、ありとあらゆる性別・人種・年齢・政治思想者が動いたため、勝因を一言で言うことは不可能なのです。

アメリカ人のロバート・エルドリッヂさんが及川幸久さんとの対談本『18歳からの脱奴隷論　「アメリカの失敗」から学ぶ民主主義の未来』（WISDOM BOOKS）の中で、「アメリカ人は大統領選挙をスポーツチームの応援のように見ていて、応援している政党が勝てばそれでいい」という指摘をしていました。

あの2020年選挙の滅茶苦茶ぶりに納得しているアメリカ人が多くいることに納得がいった説明でしたが、2024年選挙では、「好き嫌い」のようなどうでもいい低レベルな感情を基準に投票するのではなく、真剣に国や世界の未来を考えた投票をした人が増えたと思っています。

■具体的な勝因は?

「ありとあらゆる性別・人種・年齢・政治思想者が動いたため」と指摘しましたが、具体的にどのように動いたのか、なぜ動いたのかも簡単にまとめておきます。

『フィナンシャルタイムズ』のまとめによると、図のように「65歳以上」と「白人大

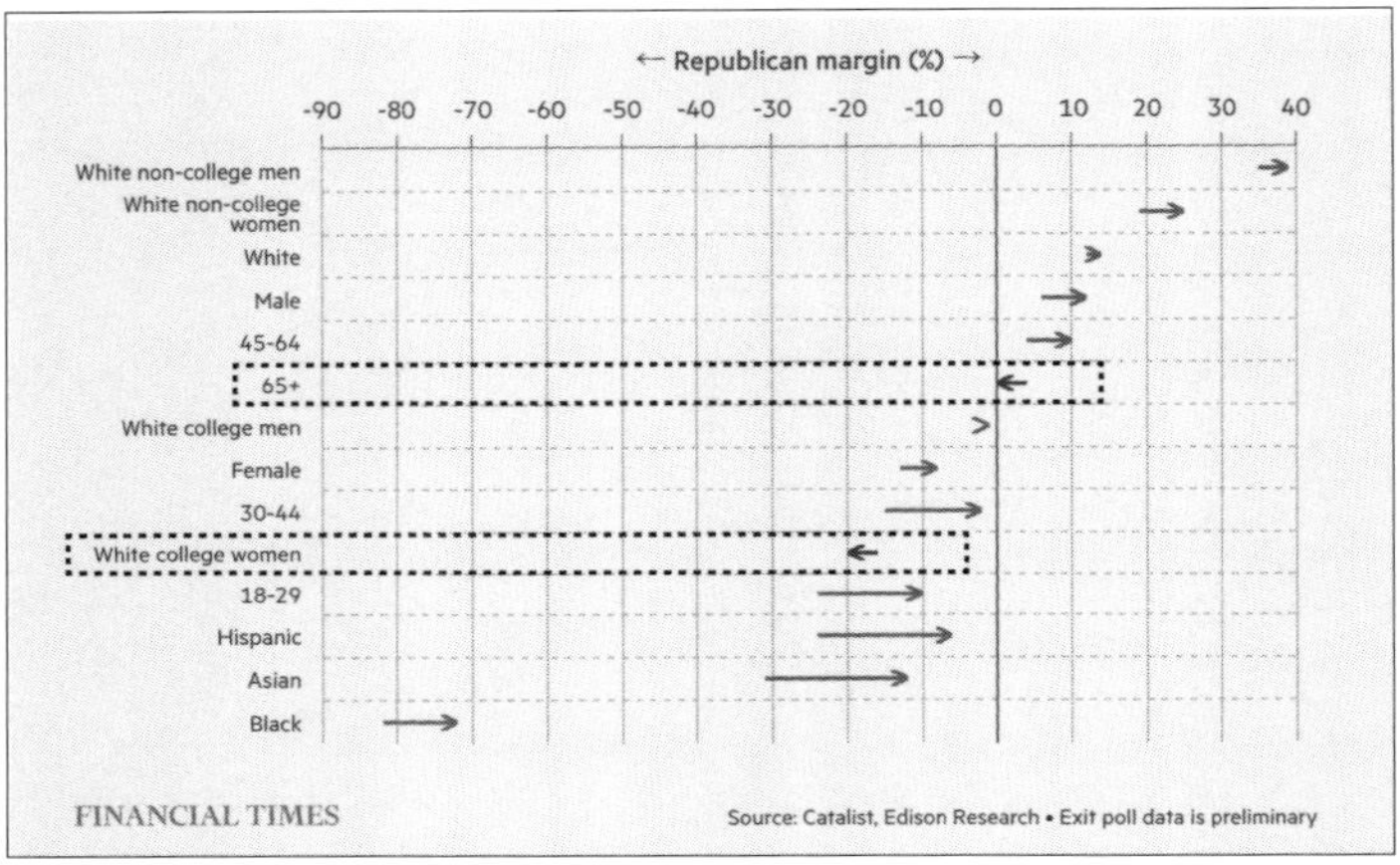

出典：フィナンシャルタイムズ
https://www.ft.com/content/392e1e79-a8c1-4473-ab51-3267c415b078

学卒女性」以外、すべてが共和党にシフトしているのが分かります。

トランプ大統領が２０１５年に立候補して以来ずっとですが、テレビや新聞はトランプ大統領の悪口ばかりを言い、民主党にとって都合の悪いことは隠す傾向にあります。

65歳以上の有権者が民主党に寄ったのは、何も褒めるところのないバイデン・ハリス民主党の失政を隠すため、「ヒトラーだ」「独裁者だ」と今まで以上にトランプ大統領をメディアが叩きまくっていたので、ＳＮＳを活用した情報収集をしない高齢者層は「トランプの勝利は民主主義の脅威だ」という、冷静に考えれば何をいっているのかさっぱり分からない中身のない左翼・民主党の主張に引っ張られたのだと考えられます。高学歴白人女性は従来から反トランプ・民主党支持者が多く、特に驚きはありませんが、CNNの出口調査によると、学歴基準を外した「白人女性」というカテゴリでは、トランプ大統領の支持率が53％でした。

バイデンインフレによる生活苦、民主党によるソフト・オン・クライム政策が引き起こした治安の悪化は、低所得者層の多い黒人の怒りを買いました。黒人男性のトランプ支持は黒人女性と比較して3倍です。

国境開放政策により大量の不法移民がアメリカに流入していますが、不法移民がコミュニティに流入してくることで、ラテン系の人々の不満につながっています。ラテン系民主党支持率は60％を切ることがありませんでしたが（オバマ70％、ヒラリー66％、バイデン61％）、ハリスはわずか52％。トランプ大統領のラテン系支持率の高さはレーガン、ブッシュを抜き、近年では最高。特にラテン系男性の支持は55％でハリスを超えていました。

18歳～29歳のZ世代と呼ばれる層も共和党に流れました。

民主党系世論調査会社『ブループリント』が実施した出口調査によると、ハリスが敗北した理由トップ3は「高インフレ」、「不法移民問題」、中間層ではなくＬＧＢＴＱ

のような「文化的な問題を優先したこと」でした。

イスラエルの中東での暴走は、イスラム系・アラブ系の有権者の民主党離れを起こし、ミシガン、ウィスコンシン、ペンシルベニア州で致命的でした。

若者、マイノリティ層（黒人・ラテン）、アラブ・イスラム系はすべて民主党の岩盤支持層であり、重要な票田。そこがありとあらゆる理由で崩れていたのです。

従来のスポーツチームの応援感覚だったのが、真剣に生活・祖国の未来を考えて投票先を決めるという、本来あるべき選挙が行われたと言えます。

他にも選挙法改正や、共和党全国委員会委員長をトランプ派に変えたこと、2020年選挙時に数千億円レベルで投入された「ダークマネー」が民主党になかったことなど、挙げ出したらキリがありませんが、多くの要因が重なった結果だったのです。

②独裁者ヒトラー二世トランプを食い止めろ？

■トランプは独裁者ヒトラーなのか？

今回の選挙で主要なメディアは、トランプ大統領が中絶に関して「禁止することはない」と明言したため、政策で攻撃できることがなくなり、民主党には褒めることができる点が一切ないため、とにかくドナルド・トランプという男の人格否定攻撃を激化させることに専念していました。

「トランプは独裁者だ」「トランプはヒトラーだ」と日本メディアも続いていました。

10年近くメディアにあることないこと悪口を言われまくり、それでも自国を第一に考え、第三次世界大戦ギリギリのところまでエスカレートしていた紛争を止め、自国を不法入国者からの侵略から守り、言論の自由や思想の自由を奪おうとする巨悪に立ち向かい、暗殺未遂に何度も遭うという、文字通り「命を懸けて」祖国と世界の危機を食い止めようとしている人物を「独裁者」と呼ぶのであれば、「トランプはヒトラー」という表現は正解でしょう。

また、ヒトラーが第一次世界大戦敗戦と世界恐慌のダブルパンチからドイツ経済を立て直したことは事実ですから、民主党が破壊したアメリカ経済を立て直すことができる人物という意味での「トランプはヒトラー」は百歩譲っていいかもしれませんが、「独裁者」という意味では一切当てはまりません。

■トランプは民主主義の脅威

「トランプはヒトラー」以外に、よくもまあ次から次へとネタが尽きないものだと感心さえさせられるほど、トランプ大統領の悪口を山ほど目にしていると思います。

左翼・民主党の主張と現実を並べていきます。

主張1「トランプは民主主義の脅威だ!」

彼らの言う「民主主義」とは何なのでしょうか。

戦争を引き起こすことでしょうか?

バイデン政権発足後にアフガニスタンがタリバンに支配され、ロシア・ウクライナの戦争、イスラエルとハマス、ヒズボラ、イラン、シリアとの間で戦争状態になっています。

言論の自由が失われることでしょうか?

第四章で詳述しますが、バイデン政権と連邦政府機関、ビッグテックにより構成された「検閲産業複合体」により、保守派を狙い撃ちにした検閲がされています。

信教の自由が失われることでしょうか？

バイデン政権発足後のＦＢＩが、カトリック教徒を標的にした弾圧行為をしています。司法を武器化し、政治的敵対者を国家権力を使って弾圧することでしょうか？

バイデン司法省により、トランプ大統領は大量の起訴を選挙直前に受け、1月6日連邦議会議事堂襲撃事件に関わった人々は政治犯として捕らえられ、生活を滅茶苦茶にされている一方で、民主党が煽りに煽りまくったＢＬＭで大暴れした連中のほとんどは無罪放免にされています。

女性の権利が失われることでしょうか？

バイデン政権が推し進めた過激なＬＧＢＴＱ政策で、女性が安心してトイレを使用する権利、平等にスポーツをする権利が侵害されています。

そもそも予備選挙で大統領候補に選出されていたバイデンを民主党エリートが追い出し、予備選挙で1票も得ていないハリスを大統領候補者に据えたのは、民主主義の根幹をなす選挙を冒瀆しているのではないでしょうか。

民主主義の脅威とはどういう意味だったのでしょうか。

主張2「トランプは重犯罪で有罪評決を受けた！」

後述しますが、そもそも起訴したこと自体がおかしいことです。

主張3「トランプは作家のジャン・キャロルをレイプした！」

２０２２年11月24日、作家のジャン・キャロルは数十年前にトランプ大統領に強姦されたとして、トランプ大統領を民事提訴、２０２３年5月に日本円にして数百億円以上の賠償命令が下されました。

この裁判はツッコミどころが満載なのですが、まずは「トランプがレイプしたことを裁判所が認めた」は民主党や左翼が撒き散らすデマです。裁判で陪審員はセクハラを認定しましたが、レイプの訴えを退けています。

裁判を起こしたこと自体、明らかに政治的な意図があったものです。キャロルの主張する事件が起きたのは１９９０年代で、時効を遥か昔に過ぎています。

ニューヨーク州は「Adult Survivors Act（成人（性被害）生存者法）」を２０２２年11月に施行し、期限付きで時効を無効にした性被害を訴えることを可能にし、キャロルは反トランプで有名な弁護士の支援を受けつつ、この法律制定の働きかけをしていました。

肝心の裁判での主張ですが、内容は滅茶苦茶です。

まず事件が起きたと主張する年がコロコロ変わり、１９９４年、１９９５年、１９９６年と3年のずれができています。発生した日どころか、季節すら思い出せていません。

発生場所が高級デパートの試着室ということですが、監視カメラ映像はなく、店員等の目撃者もいません。

事件当日にコートドレスとヒールを着用していたことを思い出せ、現在も所有していると主張し、「事件以来、着ておらず、洗ってもいない。トランプの体液がついている」と言うクセに、ＤＮＡ鑑定は拒否。雑誌の表紙に「これがあの時着ていた服」と黒いドレスを着た写真が掲載されていますが、そもそもその着ていたと主張するドレスは事件発生時に存在していないモデルのもの。

主張しているエスカレーターの位置などが当時の事件現場のデパートと違い、キャロルが大好きと公言している番組内容に証言が酷似。

他にもツッコミどころがあるのですが、このような滅茶苦茶な内容にもかかわらず、民主党活動家のような裁判官が裁判を運営し、民主党支持者が集中するニューヨーク州から選ばれた陪審員が評決を出していたのです。

あの裁判をリアルタイムで追いかけていた人であれば、司法システムを使ったトランプ狩りにしか見えないことを理解しているでしょう。

主張4「トランプは女性蔑視者だ！」

おそらく、「具体例は？」と問えば、回答は返ってこないでしょう。

これを言うのであれば、カマラ・ハリスの夫「ダグ・エンホフは？」と問わなければなりません。

『デイリーメール』はエンホフがハリスと結婚する前の女性問題をスクープしています。

エンホフは前妻との間に子供を授かっていましたが、エンホフが子供の通う学校の教師と不倫・妊娠させたことで離婚することになっていました。

２０１２年カンヌ国際映画祭の夜、公共の場で当時交際相手だった女性を吹き飛ぶほどの力で殴ってもいます。

主張5「トランプは嘘つきだ！」

「トランプは嘘つき」と言っているメディアも散々嘘をついています。

今回の大統領選挙で浮彫りになった最もひどい嘘つきは、民主党副大統領候補のティム・ウォルズでしょう。

ウォルズは１９８１年～２００５年まで陸軍州兵に所属し、「アフガニスタン戦争帰りの上級曹長として、24年の陸軍州兵を退役した」と主張しています。

しかし実際は、アフガン戦争に関係はしているものの、イタリアの米軍基地で後方支援をしていただけで戦場には行っていません。

上級曹長（下士官最高ランク）だったことはありますが、正式には曹長として陸軍州兵を退役したことになっています。

これはイラクに派兵されることに知り、連邦下院議員選挙に出馬することを口実に、正式な上級曹長に昇格するための訓練を受けることなく退役（逃走）したためです。後に降格されたのでした。

ウォルズは中国で天安門事件が起きた時、「中国にいた」と主張していましたが、実際は嘘で、アメリカにいたことも分かっています。

主張6「トランプはプーチンと仲がいいから、独裁者の仲間だ！」

トランプ大統領とロシアのプーチン大統領は良好な関係にあるように見えます。

しかし、トランプ大統領は２０２１年1月に退任する直前にノルドストリーム２に制裁をかけていましたし、国連演説でドイツ代表団に対し「ロシアにエネルギーを依存するのは危険だ」と警告していたように、ある一定の線引きはしていました。

２０２４年2月13日にマイケル・シェレンバーガーやマット・タイビらのジャーナリストが報じたところによると、ロシアは２０１６年大統領選挙でトランプ大統領ではなく、民主党ヒラリー・クリントン勝利を望んでいたことをアメリカ諜報機関は把握していました。

しかし、ロシアとトランプ大統領が結託して２０１６年選挙を盗んだと主張したい当時の民主党オバマ政権のＣＩＡ長官ジョン・ブレナンが諜報分析を捻じ曲げ、国家情報長官ジェームズ・クラッパーが２０１７年1月に「ロシアはトランプ勝利を望んでいた」という、現存する諜報分析と真逆の発表をしていました。

ロシアはトランプ大統領を「気まぐれ、信頼できない、安定していない」と見なし、ヒラリーを「扱いやすく、継続性を反映」する候補として、むしろヒラリー勝利を望んでいたのです。

ちなみに、ロシア政府は２０２４年選挙において、ハリスの支持声明を堂々と出しています。

主張7「トランプは2020年選挙の結果を覆そうとした！」

２０２０年大統領選挙は間違いなく問題がありました。こういうと「陰謀論者だ！」

と言ってくる人もいますが、2020年選挙の実態を冷静に見れば、問題がなかったと言える人にこそ問題があると誰でも理解できるはずです。このことは第四章で触れていますので、ここでは割愛します。

また、選挙結果を受け入れないのは民主党もやっていることです。

2000選挙では共和党ブッシュ勝利でしたが、民主党ゴア陣営は徹底抗戦しました。2016年選挙ではトランプ大統領の勝利を、「トランプがロシアと共謀してヒラリーから盗んだ」と主張し、「トランプは違法な大統領だ」と主張し続けていました。

大統領選挙の結果は上下両院合同議会で承認されるのですが、連邦議員には選挙結果に異議申し立てをする権限があります。

民主党は2016年のトランプ勝利の結果に根拠なく異議申し立てしていましたから、選挙結果を覆そうとしたのは彼らの方なのです。

主張8「トランプは1月6日連邦議会議事堂襲撃事件を煽動した!」

2021年1月6日、トランプサポーターがワシントンDCの連邦議会議事堂に乱入する事件が起きました。

これを「トランプが煽動した」と主張する人がいますが、トランプ大統領は「平和的に」抗議活動をするように呼びかけていました。

この事件に関して日本メディアはほとんど深掘りしていませんが、「トランプが悪かった」で片づけるべきものではありません。

明らかに不審な点がいくつもあり、「警備をあえて薄く」しつつ、「現場救援をあえて遅らせ」ていたことが見えてきています。

知るべき内容があまりにも多すぎる事件のため、『日本人が知らない「陰謀論」の裏側』（徳間書店）で、約5万字の内容で詳述していますので、詳細はそちらを参考にしてください。

主張9「トランプはレイシスト（差別主義者）だ！」

メディアはトランプ大統領の発言をあの手この手で悪い方向にもっていこうとしています。第二次トランプ政権は少なくとも4年間はまたトランプ悪口言い放題ボーナスタイムに突入しますから、まだまだ続くでしょう。

「トランプはレイシスト」という発言もよく聞くと思いますが、「具体例は?」と問えば、黙り込む人がほとんどか「だってメディアがそう言っているんだもん」と答えるでしょう。

では、そのメディアは民主党のレイシスト発言を報じているのでしょうか。

2021年2月17日のCNN主催のタウンホールイベントで、「マイノリティ層のコロナワクチン接種率が低い理由」を問われたバイデンは、黒人がかつてアメリカ政府によって実験体にされていた歴史を指摘しました。これは理解できますが、その後とんでもないことを言っていたのです。「黒人とラテン系の人はインターネットの使い方を知らないから、ワクチンの予約ができていない」と発言したのです。

2023年5月6日、民主党ニューヨーク州知事のケイシー・ホークルは「ブロンクス(ニューヨークシティの行政区の一つで、黒人率が約3割)に住む黒人の子供は、パソコンという言葉が何を指すかすら知らない」

「パソコンを使ったことがない」でしたら理解できなくもありませんが、「言葉を知らない」はあまりにも失礼な発言でしょう。

２０２４年大統領選挙が終わってからは、メディアがこぞってレイシスト発言を連発しています。

基本的に左翼は他責思考です。「自分たちは正しい。間違っているのは社会だ」がデフォルトの思考回路で、トランプ大統領の完勝理由も、自分たちが間違っているのではなく、「トランプに投票したやつがおかしい」と考えているのです。そしてその歪んだ思想を公共の電波を使って主張しています。

ＣＮＮの出口調査によると、２０２４年選挙ではラテン系男性の55％、黒人男性の21％がトランプ大統領を支持し、勝利の要因の一つでした。このことをＭＳＮＢＣのジョー・スカボロー（白人男性）は「白人男性がミソジニスト（女性蔑視）なだけでなく、ラテン系男性と黒人男性も同じだ。彼らは女性にリーダーになってほしくないから、ハリスに投票しないんだ」というとんでもない持論を展開。

これにアル・シャープトン（黒人男性）が「黒人男性が最も女性蔑視者だ」と発言。ＡＢＣニュースの『ビュー』では、「低学歴白人女性の多くがトランプに投票した」、「ラテン系男性が理解できない」のような発言が飛び出しています。

レイシストはどちらでしょうか？

主張10「トランプはアメリカを分断した！」

アメリカの分断は間違いなく起きています。これを「トランプが分断した」という主張がありますが、左翼が自分たちから自主的に分断しているだけです。

トランプ大統領とジョー・バイデン、カマラ・ハリス、ヒラリー・クリントン、バラク・オバマら民主党重鎮の発言に大きな違いがあります。

トランプ大統領は「アメリカを再び偉大にする」ため、経済を強くすること、税金を貪る不法移民を強制送還し、アメリカ国民を最優先することなどを主張しています。アメリカを破壊した民主党やバイデン、ハリス、ウクライナの若者を根絶やしにしてでも戦争継続をさせたい戦争屋たち（ネオコン勢力）を名指しで非難することもあります。

対する民主党は「トランプを支持する一般の人々」を丸ごと非難しています。

バイデンの「トランプ支持者はゴミ」、ハリスの「ファシスト」、ウォルズ（副大統領候補）の「ナチス」、ヒラリーの「トランプ支持者は可哀想な人たち」、オバマの「聖書と銃のクリンガー（執着心が強い人）」「我々に反対するということだ」、ホークル（ニューヨーク州知事）の「トランプに投票するお前たちは、反アメリカだ」発言のように、トランプ大統領個人ではなく、その支持者・投票するアメリカ国民の半分を丸ごと否定、敵認定する発言をし続けているのです。

トランプという男がアメリカを分断したのではなく、左翼・民主党が自分たちの保身のため、「トランプはとんでもない男だ」と大騒ぎをし、メディアが乗っかった結果、アメリカは分断されていきました。

２０２４年選挙では２０１６年、２０２０年選挙と同じく、「トランプ集会はナチス集会！」「トランプはヒトラー！独裁者！」のような徹底したトランプ叩き報道が続きましたが、従来の民主党支持基盤がトランプ支持に動きました。

バイデン民主党政権による甚大なダメージで正気を取り戻した人が増え、冷静にトランプという男を見ることができるようになったのではないでしょうか。

つまり、大きな分断は解消されつつあり、「トランプ錯乱症候群」とも呼ばれるレベルの手の付けられない層との分断は修復不可能ですが、コモンセンス（良識）ある人々の融和は進んでいくことが期待される選挙結果でした。

■司法の武器化

ＣＮＮのファリード・ザカリアはハリスの敗因の一つが「司法の武器化」だったと指摘しています。「(司法の武器化は) トランプの支持基盤が常に信じていたこと、つまり、高学歴過ぎる都会のリベラル派は偽善者であり、自分たちの目的に合うときにはルールや規範を曲げて喜んでいる、ということを確認させた」と振り返っています。

日本のメディアはトランプ大統領が起訴されたことは報じているけれども、その起訴がいかに滅茶苦茶なものだったかはほとんど報じません。知らないのかもしれませんが。

ザカリアは「最もひどい例」として、ニューヨーク州マンハッタン地区で起訴され、有罪評決が出た件を挙げていますので、起訴から裁判までどれだけひどいものだったかを紹介します。

通称「ポルノ女優口止め料問題」「不倫口止め料問題」などと呼ばれた件で、２０２３年3月30日にニューヨーク州マンハッタン地区の地方検察官アルヴィン・ブラッグが起訴を主導しました。

２０１６年大統領選挙前に、元ポルノ女優ストーミー・ダニエルズはトランプ大統領と性的関係を持ったことがあるという告発の口止め料として、13万ドルをトランプ大統領の顧問弁護士だったマイケル・コーエンから受け取り、その弁済費用を経費にしたことが34件の重犯罪「ビジネス記録の改竄」であるとして起訴されています。

まず大前提として、口止め料を支払うことは犯罪ではありません。

この起訴・裁判には大きく分けて５つの問題がありました。

問題１：時効を延ばした根拠

起訴内容の「ビジネス記録の改竄」は、ニューヨーク州法で軽犯罪であり、時効は2年。２０１６年大統領選挙の時の口止め料と言われているものを翌年、補填した。つまり２０１９年には時効が成立しています。

この時効を無効化するために使ったのが、「〝ほかの犯罪を隠蔽するための〟ビジネス記録の改竄」とすること。この場合、重犯罪に格上げされ、時効は5年に延びます。

検察の言う「ほかの犯罪」とは一体何か。起訴状・陳述書・会見を調べても、そして裁判が終わった今も曖昧なままです。トランプ弁護団も何を持って起訴されているのか、有罪評決が出た後でもわかっていません。

裁判の最終弁論で「3つの可能性がある」とされ、具体的には①連邦選挙法違反、②税法違反、③別の記録の改竄とのことですが、実際にどれに該当するかは不明で、後述しますが、民主党系の担当判事も、時効を引き延ばした根拠の別の犯罪が何かを「明確にする必要はない」と陪審員に指示を出しています。

起訴したのはブラッグ地方検察官ですが、彼はニューヨーク州法でニューヨーク州内の犯罪を取り締まる立場にあり、可能性の一つ「連邦選挙法に違反」しているのであれば連邦法で裁かなければならず、地方検察官の出る幕ではありません。

連邦法を取り締まるのが連邦検察官で、選挙違反であればFEC（連邦選挙委員会）が裁定します。ところが、連邦検察官、FECは「問題なし」と認定しています。

まったくの部外者であるニューヨーク州地裁が問題ありと裁判を進め、有罪評決が出たわけですが、そもそも起訴したこと自体、法制度を無視したやり方だったのです。

問題2：担当裁判官は民主党活動家家族

裁判を担当したフアン・マーチャン判事は本人を含め、完全に民主党一家です。妻はニューヨーク司法長官の元補佐官、娘は民主党選挙のコンサルタント、そして、マーチャン自身は民主党系団体に計35ドル寄付しています。

「そんな少額どうでもいいでしょ」と思われるかもしれませんが、ニューヨーク州司法行動規則100条5項には「現職裁判官は投票・所属政党の公開・法の向上が目的の演説を除き、直接・間接的に政治的活動に従事してはならない」「政治団体・候補者に対する政治献金は禁止」としています。

法治国家で人間を裁くことを許されている唯一の職業が裁判官です。ルールを守ることができない人に、人を裁く権利を与えてはなりません。

マーチャン判事は「自分は中立だ」と言い張り、判事の席に居座ったのですが、やりたい放題でした。たとえば、トランプ大統領に対してかん口令を頻繁に出し、口を封じる一方で、重要証人の一人マイケル・コーエンに対してはかん口令を出しませんでした。コーエンはSNSで裁判の件やトランプ大統領の悪口を言いたい放題。

後述しますが、トランプ弁護団にとっての重要参考人の発言を制限することで、トランプ大統領が無実であることを立証する重要証拠が出てこないようにもしていました。

問題3：重要証人・証拠を制限

今回の裁判で、証人が20人ほど呼ばれましたが、重要証人としてブラッドリー・スミスが証人尋問される予定でした。スミスはＦＥＣの委員を務め、口止め料に関して「問題なし」と判断した人物です。スミスは裁判所で「選挙法にすら抵触していない」と証言する予定で、「ほかの犯罪を隠すため」という検察の主張が間違っていることを立証するのに欠かせない重要証人でした。

ところが、マーチャン判事はスミスの証言内容を極端に制限し、スミスの意見は封じ込められてしまいました。そのため、トランプ弁護団はスミスの証人尋問を諦めざるを得ませんでした。

スミスが証言しようとしていた一つの主張がタイムラインです。

マイケル・コーエンが、ポルノ女優のストーミー・ダニエルズに13万ドルの口止め料を払ったと言われているのが、２０１６年10月27日のこと。そのタイミングの選挙収支報告は２０１６年12月８日が期限で、11月８日の選挙日からすでに30日も過ぎていました。

検察の主張は「口止め料の存在がバレると選挙に悪影響がある。選挙結果に影響を与えるため、ビジネス記録に口止め料と記載しなかった」ですが、収支報告期限が選挙日〝後〟であり、そもそも隠す必要などまったくない話。検察の前提が崩れるはずだったのです。確実に有罪評決になるよう仕組まれた裁判だったのです。

問題4：陪審員は民主党地域から選出

今回の裁判の陪審員12人は全員、マンハッタン地区周辺から選出されました。ニューヨーク州の中でも、２０２０年大統領選挙のバイデン得票率が87％、トランプ得票率が12％と極端に民主党寄りの地区。明らかな政治的な偏りのある地域から陪審員が選ばれていました。

問題5：バイデン民主党の影

起訴したのはアルヴィン・ブラッグ地方検察官で、ジョージ・ソロスから資金を提供されており、「ソロスチルドレン」と言われる人物。ブラッグにスポットライトが当たりましたが、もう一人、実は怪しい人物が紛れ込んでいました。

マシュー・コランジェロです。コランジェロはバイデン司法省の元ナンバー3。ナンバー3の地位を捨てて、なぜか地方検察チームに加入していました。

2022年2月の段階で、ブラッグが捜査を打ち切ると明言したことにトランプ捜査を6年以上続けていた捜査担当者が激怒し、抗議辞任。

その騒動があった直後、コランジェロが司法省ナンバー3の地位を辞し、一地方検察局に加入。そのまま司法省にいれば、司法長官の座もうかがえるような大物が、あきらかにおかしな行動です。

コランジェロが検察チームに加入した3カ月後、一転してトランプ起訴が決まりました。コランジェロは、バイデン政権による司法を武器化した政敵排除の手先だったと見るべきでしょう。

実は民主党からの刺客はニューヨーク州の裁判だけではなく、機密文書問題起訴では、バイデン政権下の司法省国家安全保障部門の元トップ、ジェイ・ブラットが検察チームに加入していますし、ジョージア州の検察チームは起訴前に何度もホワイトハウスに接触していました。

トランプ大統領を潰すため、共産主義国家のようなことが起きていたのです。

③トランプは世界を救った

■ハリスの敗北は世界にとっての勝利

「悪夢の民主党政権」という言葉が日本では使われています。

２０２１年1月20日正午、バイデンが大統領に就任したことで、主に西側諸国が「悪夢の民主党政権」という言葉を使わざるを得ない状況に陥りました。中国やロシア、中東の国々からすると、勢力拡大の絶好の機会だったことから、「夢の民主党政権」だったかもしれません。

バイデン政権発足によるアメリカの衰退は誰から見ても明らかでした。

国内ではバイデンインフレの爆発、不法移民の大量流入、治安の悪化、司法の武器化。世界に目を向けると、２０２１年アフガニスタン敗走に始まり、２０２２年ロシアのウクライナ侵攻、２０２３年イスラエルのハマス殲滅戦、２０２４年にはイスラエルの攻撃対象がイラン、シリア、レバノンのヒズボラに拡大し、第三次世界大戦前夜の空気。

あまり注目されていませんが、2024年8月に完了したアフリカのニジェールからの米軍撤退は、アフガニスタン敗走を思い出させるもので、2018年に完成したばかりの米軍基地をきれいなまま明け渡しました。世界第3位のウラン埋蔵量を誇るニジェールは、ロシアと軍事協力関係にあり、事実上アメリカや前年に追い出されたフランスはロシアに敗北したことになります。

これらはすべてアメリカが弱体化したことで起きたことであると同時に、かつての超大国が少しでも隙を見せれば、世界秩序が簡単に変わってしまうほど、途上国と呼ばれていた国々が力をつけてきているということです。

ゲラゲラ笑うだけのカマラ・ハリスが大統領になろうものなら、パワーバランスの崩れた世界情勢に対応できるわけもなく、第三次世界大戦開幕の瞬間になっていたことでしょう。

執筆段階でロシア・ウクライナ、中東の戦闘は継続していますが、すでに各国首脳がこぞってトランプ大統領に接触していることから、これまでのバイデン民主党の4年間とは違う景色が見えるはずです。

■一党独裁国家目前だった

もしもカマラ・ハリスが大統領になっていたら何が起きていたのか？

ハリス勝利ということは、他の選挙の得票数にも影響が出ているはずで、連邦上院、下院議会も民主党が多数派になっていた可能性が高いでしょう。

ハリスが選挙戦中に掲げていた政策や発言をながめると、民主党による一党独裁体制が確立されかけていたことがわかります。

◆コートパッキング（連邦最高裁判事の定員を拡大し、リベラル派判事を追加）による三権分立の破壊。
◆検閲の強化による言論の自由の喪失と反対意見の弾圧。
◆価格統制と増税により中間層が壊滅。
◆アメリカ領プエルトリコとワシントンＤＣを州に格上げ（州に格上げすると、憲法規定で連邦上院議席２議席と下院議席１議席以上が付与される。

両方とも民主党が強く、連邦上院議会は民主党永久支配になる）。

◆不法移民に市民権を付与することで、民主党票田の確保と拡大。

◆司法を武器化した共和党・保守狩り継続。

◆上院議会のフィリバスター（議事妨害）廃止をすることで、単純過半数で民主党法案を可決しまくる（上院議会は下院議会と違い、1人の議員で法案審議を止めることができる。しかし、全議員の5分の3以上（60人以上）の賛成で「クローチャー決議（討論集結）」をすることができ、採決を進めることができる。フィリバスターは片方の政党の暴走を止める上院議会の重要な伝統のひとつ）。

トランプの勝利は民主党の一党独裁国家樹立を食い止めるものだったのです。

■日本の報道の意図すること

トランプ大統領の完勝を否定的に報じる日本メディアが多かったです。

11月7日の報道を見ると、朝日新聞は「自国第一の拡散に歯止めを」と題する社説で「民主的統治の危機」と指摘。先述のとおり、ハリスが勝利していた場合、アメリカの民主的統治は終焉を迎えていました。

「憎悪をあおり、政敵を排除する訴えを続け」「分断政治の威力を見せつけた」と報道していますが、これもそっくりそのまま民主党がやっていたことだと言いたいです。

日本経済新聞は「トランプ氏は世界の安定を脅かすな」と題し、「自由や法の支配を尊重してきた米国の民主主義は歴史的な転換点を迎えている」と報道。

今の世界情勢をみて「世界の安定」という言葉を使えている思考回路が理解できません。銃弾飛び交う世界が平和とでも言いたいのでしょうか？

両紙に共通している主張は、「〝グローバリスト〟が夢見る世界を壊すな」です。

自国第一主義を「世界秩序」「世界の安定」という言葉を使って危険な思想として指摘しています。

トランプが自己中心的に身勝手なことをしているというような論調ですが、友人関係であれば「思いやり」という観点から分からなくもありませんが、国の指導者であれば祖国を第一に考えるのが当たり前のことで、他国の利益を考慮して自国を犠牲にするなど国のリーダーの資質はありません。

グローバリストは世界を単一にしたい勢力です。だからこそ、自国第一を掲げる有力者の登場は目障りでしかないのです。では具体的に「グローバリストが夢見る世界」とはどのような単一世界で、どのようにして目指されるのか？

答えの一部はバイデン政権の４年間が示しています。

■「グローバリスト」がアメリカを呑み込む寸前だった

バイデン政権発足直後、トランプ政権の政策が大量に覆されました。

過激なＬＧＢＴＱ政策の推進、パイプラインの中止やオイル・ガス採掘許可の取り消しをはじめとする気候変動対策最優先政策、国境の崩壊、大規模な検閲・言論統制の推進。これらの背景にあるのが「グローバリスト」と呼ばれる一部のエリートによる世界支配の構図です。

世界支配などと言われると陰謀論臭がプンプンすると思いますが、ポール・スコーセンの傑作『The Naked Socialist（裸の社会主義者）』で指摘されていたとおりのことが起きているのです。

この本では、「社会主義者の46の目標」と題した、グローバリストが世界秩序を彼らの都合の良いものにつくり変えるため、私たちの生活にどのような手法で変化を加えようとしてくるかが明示されています。バイデン政権4年間の世界を、「社会主義者の46の目標」をベースに分析していくと、日本でも起きていることがあることに気づかされます。

ここ数年で「当たり前のこと」「良いこと」としてメディアや〝センモンカ〟により刷り込まれ続けている移民問題、検閲・情報統制問題は、この4年間でグローバリストによって急激に進められたことです。

それぞれの国でグローバリストの脅威を知っている、感じている愛国者が戦っていますが、残念ながら日本ではグローバリストの脅威はまだまだ伝わっていないのが現状です。欧米で起きているグローバリストにとって都合の悪いことをマスコミが報じていないことが主な原因ですが、これは超高速に広範囲に情報が拡散する現代の情報社会に対応できていない人が多い証でもあります。

このような人々にいきなり、「グローバリストは危険だ！」「このままだと自由がなくなってしまう！」と言っても、ＳＦ好きな陰謀論者の戯言と思われて終わってしまいます。世の中で起きていることや報道体制に疑問を持っていない人には理解不能。まずは彼らによって引き起こされている問題を知ること、自分自身も無関係ではないことを知ることが、グローバリストの脅威を知るきっかけになると思います。

トランプ大統領の大勝の背景には、グローバリストの脅威に気づいた人が増えたことがあります。

具体的にどのようなことが起きていたのかを知ることで、何気ない日常に潜む、グローバリストがもたらす危険を察知するのに間違いなく役立つことになると思いますし、物事の見方を大きく変えることになることでしょう。特にコロナ禍と直接関係してくる第四章の検閲・情報統制問題は、グローバリストの脅威に半信半疑な人にはうってつけの内容だと思っています。

次章からは、日本にも迫るグローバリストの脅威を見ていきます。

第二章　裸のグローバリスト

①世界情勢の背後にある「46の目標」

■社会主義者という国を壊す〝癌〟

アメリカの現職民主党議員で「社会主義者」を自称、またはそう呼ばれている議員が何人もいます。

有名どころですと、エリザベス・ウォーレン連邦上院議員、バーニー・サンダース連邦上院議員（正確には民主党ではなく無所属）、アレキサンドリア・オカシオ＝コルテス連邦下院議員、コーリー・ブッシュ連邦下院議員（予備選挙で落選）などです。

連邦上院議員は各州から2人選出されるため、ウォーレン議員を支持するマサチューセッツ州民やサンダース議員を支持するヴァーモント州民は社会主義者を支持しているとも言えます。

このように超大国アメリカ政界に社会主義者がいることで、「社会主義」がそこまで問題のないもののように思えます。しかし実際は、国を内部から壊すだけの〝癌〟でしかありません。

後述しますが、社会主義と共産主義は同じものであり、歴史から見ても成功することがない思想です。

「21世紀型社会主義」を掲げた南米の産油国ベネズエラは、チャベス政権、続くマドゥーロ政権による国が積極的に介入する価格統制のような政策により、経済が滅茶苦茶になっているのは、現在進行形の例です。

左翼にのみ込まれているバイデン民主党は、この約4年間で、オバマ政権8年間で成し遂げることができなかったことを急速に進めました。

その結果が現在のアメリカの内部崩壊と世界秩序の崩壊です。

■社会主義者も共産主義者もグローバリストも同じ

中学や高校で資本主義、社会主義、共産主義、最近ではグローバリズムという言葉を教わります。

それぞれを辞書（デジタル大辞泉）で引くと、次のような説明がされています。

【資本主義】

封建制度に次いで現れ、産業革命によって確立された経済体制。生産手段を資本として私有する資本家が、自己の労働力以外に売るものを持たない労働者から労働力を商品として買い、それを上回る価値を持つ商品を生産して利潤を得る経済構造。生産活動は利潤追求を原動力とする市場メカニズムによって運営される。キャピタリズム。

【社会主義】

1／生産手段の社会的共有・管理によって平等な社会を実現しようとする思想・運動。空想的社会主義・共産主義・社会民主主義など。

2／マルクス主義で、資本主義から共産主義へと続く第一段階としての社会体制。各人は能力に応じて働き、働きに応じて分配を受けるとされる。

1917年のロシア革命により、1922年に世界初の社会主義国家としてソビエト社会主義共和国連邦が成立したが、硬直化した官僚体制への不満などから1991年に崩壊した。

【共産主義】

1／財産の私有を否定し、生産手段・生産物などすべての財産を共有することによって貧富の差のない社会を実現しようとする思想・運動。古くはプラトンなどにもみられるが、現代では主としてマルクス・エンゲルスによって体系づけられたマルクス主義思想をさす。

2／マルクス主義で、プロレタリア革命によって実現される人類史の発展の最終段階としての社会体制。そこでは階級は消滅し、生産力が高度に発達して、各人は能力に応じて働き、必要に応じて分配を受けるとされる。↓マルクス主義。

【グローバリズム】

国家を超えて、地球全体を一つの共同体とみる考え方。汎地球主義。

本書を執筆するうえで大きな示唆を与えてくれた書籍『The Naked Socialist（裸の社会主義者）』、その前身となる書籍が『The Naked Communist（裸の共産主義者）』です。

その中で、**「社会主義者と共産主義者の違いは、乗っ取り方法が違うだけということを思い出しましょう。社会を完全に統制して支配したいという願望は、どちらも同じです。社会主義は良くて、共産主義は悪いものと考える人もいますが、この2つは双子のようなものなのです」**と社会主義と共産主義に違いがないと説明されています。

重要なポイントは、**どちらも経済構造に多少の差があるだけで、「政府が人々を支配すること」が目的なのは変わらないということです。**

著者のスコーセンの言う「乗っ取り方法の違い」というのは、共産主義は暴力を伴う革命で、オセロで白から黒のように一気に社会を変えるようなもの。

社会主義は民主的な選挙により、じわりじわりと時間をかけて目的の達成をすることで、オバマ政権やバイデン政権、ベネズエラのチャベス・マドゥーロ政権のことを指します。

どちらも行きつく先は、**国家と一部の権力者による国民の監視と管理による自由の喪失です。**

『裸の共産主義者』が発刊されたスコーセンの生きた時代ではこのような思想が国単位で浸透していましたが、現在はそれが国境を越え世界規模で実現しようとされています。そのような人々が「グローバリスト」と呼ばれています。

「社会主義者＝共産主義者＝グローバリスト」ということを念頭に本書を読み進めてください。

■コロナ禍が暴いたグローバリストの目的

私たちの生活を一変させたのが新型コロナパンデミック騒動です。

世界中でロックダウン、マスク着用義務、ワクチン接種義務、ソーシャルディスタンス、手指の消毒の徹底などがされました。

「ニューノーマル」という言葉でこれらのことが推奨されましたが、あれから4年経った現在、「科学を信じる」と言っていた政府やセンモンカの〝カガク〟が存在しないものだったことが明らかになってきています。

2メートルのソーシャルディスタンスが推奨されました。なんとなく効果があるように思えますよね。

ところが、コロナ禍にアメリカ国立衛生研究所所長だったフランシス・コリンズは、2024年になった今も、「科学的根拠を目にしていない」と宣誓供述しています。2024年5月16日に公開された、下院議会の非公開の場でのコリンズ元所長に対する聞き取り調査での発言でした。

アメリカメディアに連日登場していたアンソニー・ファウチ元国立アレルギー・感染症研究所（NIAID）所長兼ホワイトハウス主任医療顧問も同様の発言を宣誓供述していて、2メートルという距離は「ふと思いついた数字」と証言しています。

マスクを二重にすることすら推奨していたファウチは、裁判で強制的に開示させられた2020年2月5日のメールで、「マスクに効果はないから推奨しない」とアメリカン大学の学長に伝えていたことが分かっています。

2022年11月23日の裁判に証人として召喚されたファウチは、約7時間の宣誓供述をしています。その中で、ロックダウン（都市封鎖）を推奨した理由は、「中国を見習うべき」というNIAID副所長でWHO中国視察団のアメリカ代表だったクリフォード・レーンの進言によるものであり、科学的根拠はなかったことも認めています。

２０２４年４月のフィンランドの裁判で、フィンランド保健福祉研究所の主任医師であり、ＷＨＯの予防接種に関する戦略的専門家グループの議長を務めているハンナ・ノヒネクは「２０２１年夏の時点でワクチンに他者感染予防効果がないことは把握していた」と証言。さらに「フィンランド政府にワクチンパスポートは他者感染を防ぐという間違った印象を与えるため、廃止すべき」と提言していたが、政府は聞く耳をもたなかったと証言しています。

２０２４年３月に約２年の裁判の末に公開されたドイツ政府の内部文書でも同様のことが発覚しています。ドイツ連邦保健省傘下のロベルト・コッホ研究所のコロナ対応のためのクライシスユニットの２０２０年２月〜２０２１年４月の議事録が裁判所命令で公開。

２０２０年10月に内部では「マスク着用義務は科学的根拠に乏しい」と否定的な意見が出ていたものの、３カ月後にドイツ南部バイエルン政府がマスク着用義務を発表したとき、「地方政府の決定にコメントしない」と発表していました。

２０２０年12月には「アフリカの事例から、ロックダウンは子供の死亡率を上げ、コロナ被害以上の被害が出てしまうおそれがある」という主張が内部でありましたが、

2021年4月のイースター休暇にロックダウンを実施することが発表されました（批判を受け、後に撤回）。

このように、何度も洗脳するかのように「正しい行動」として私たちに刷り込まれた行動に科学的根拠はなかったのです。

では、これらの〝カンセンヨボウタイサク〟はなぜ一般人に押し付けられたのか。

目的は人々を「管理」することです。

人間は恐怖や不安から逃れるため、自分よりも大きく、強いものに頼ろうとします。グローバリストはこの漠然とした恐怖を利用するのです。

平時で正常な思考回路が働いているときでは受け入れられないようなことを、社会に浸透させるため、危機的状況は利用されます。

「コロナウイルスは危険だから、マスクをしよう、ソーシャルディスタンスをとろう、ワクチンを打とう、自粛しよう」

「気候変動により人類は危機に瀕しているから、二酸化炭素を減らそう、プラスチックの使用を減らそう、車は電気自動車にしよう、電力は再生可能エネルギーに頼ろう」

世界をあげて問題を解決しようとする裏には共通の目的があるのです。

■グローバリストが目指すモデルは中国

コロナ対応で「中国を見習うべき」と主張する有力者が多くいました。日本のテレビでは、そのような発言を毎日のように目にしていたのではないでしょうか。

ファウチが「効果がない」と身内に認めていたマスクの使い方を見れば、マスク着用義務付けの真の目的は、「管理」であることは一目瞭然です。

私はマスクを押し付けた理由は二つあると考えていて、一つは一目で分かるマスク姿をより多くの人々にさせ続けることで、コロナ禍という危機的状況を長引かせることです。

中には、本気でマスクに効果があると信じている、または一度信じ、「反マスク」というレッテル貼りをしたことにより、引き返せなくなっているだけの人も多くいると思います。

そして、もう一つが真の目的である、管理です。

2022年10月、中国で開催された全国人民代表大会の様子
写真：ロイター／アフロ

２０２２年10月、中国で全国人民代表大会（以下、全人代）が開催され、異例な習近平の国家主席３期目が決まりました。胡錦濤元国家主席が退場させられたことで注目を集めた全人代でしたが、異様な光景にも注目が集まりました。

このときの中国は厳しいコロナ規制を継続していましたが、全人代に出席した中国共産党の中でも、前列に座る幹部クラスの共産党員はマスクをせず、後ろに座るその他の共産党員は全員もれなくマスクを着用していたのです。

全人代に出席できるほどの人物たちでさえも、支配者層と下位層に分けられていて、全人代をテレビで見るしかできないような一般人は論外で、外出の自由すらありません。マスクというう見れば分かるもので、「誰が支配者層なのか」を明確にしているのです。グローバリストが目指す世界はこれです。

グローバリストが一堂に会する場として有名なのが毎年スイスで開催されるダボス会議。

他人には「気候変動は喫緊の課題であるから、我々は脱炭素社会を目指さなければならない」とかっこつけている一方、二酸化炭素をバカスカ排出するプライベートジェットで権力者たちが集結し、その前後のバケーションではクルーザーを乗り回し、「肉を食べるのを止めて、コオロギを食え」と言っている一方、高級な肉を貪り食っているのです。

先述しましたが、グローバリストによる理想社会は自由の喪失につながります。

平時であれば、合理的な理由なく自由を奪われることを人間は受け入れることはありませんが、危機的状況だと話は変わってきます。

グローバリストがどのようにして危機的状況を利用してくるのか、その見極めに必要な知識が『裸の社会主義者』に詰まっています。

■『The Naked Socialist（裸の社会主義者）』

本書を執筆するうえで参考にしているのがアメリカで2012年に発刊された『The Naked Socialist（裸の社会主義者）』であることは先に述べました。

この書籍は1958年発刊の『裸の共産主義者』の著者クレオン・スコーセン氏のご子息であるポール・スコーセン氏が書き上げました。

本書の執筆にあたり、ポール・スコーセン氏に連絡をとり、書籍の内容を一部翻訳して引用することを快諾していただきました。そのやりとりの中でポール氏に、父クレオン氏が当時のFBI長官に共産主義の脅威に関する助言を直接していた2人のうちの1人だったと教えてもらいました。

米ソ冷戦で資本主義陣営と共産主義陣営が勢力争いをしていたとき、最前線で共産主義者と戦っていたのがクレオン・スコーセン氏だったのです。

あれから半世紀が過ぎ、冷戦終結により世界情勢が変わってきました。現代版に内容を改定したのが、ポール・スコーセン氏がまとめた『裸の社会主義者』であり、その内容は「裸の〝グローバリスト〟」とも呼べるものです。

■社会主義者の46の目標

ポール氏は新共産主義者グローバリストが、どのようにして世界を彼らが好む社会にしていくかを「社会主義者の46の目標」と題してまとめています。

これらを参考にすると、私たちの目の前で起きていることの見方が変わってきます。

46の目標をまずはそのまま紹介します。

①社会主義を推奨し、資本主義を貶める
②国連を推奨する／国連を唯一の希望と思わせることで、国連への支持を回復させる。独自の戦力を持ち、世界で単一の世界民主主義を確立できるように、国連憲章を改定する
③国境と国家主権をなくす
④環境支配者を確立する／アメリカに「世界的なグリーン経済」を受け入れ

させ、国連の持続可能な開発に関する世界サミットを受け入れさせる。アメリカが炭素排出量のキャップ&トレードを受け入れるよう強制する
⑤世界共通通貨を発行し、世界準備銀行に管理させる
⑥国連が主導してインターネットを支配する
⑦経済支配者を確立する／EU（ヨーロッパ連合）をモデルに、国連が管理する超立法府を設立する。加盟国の経済的決定権を回避する権限を付与し、憲法や法律を従属させる
⑧経済的平等／ジェンダー・年齢・人種・民族・宗教・文化・身体障害に関係なく、雇用・保護・参加・均一な就労を保障するように強制する
⑨支配者のための法／大統領令のような、議会や裁判所の介入なく行使できる、独裁権力の一般的な行使を合法化する
⑩議会を無関係にする／行政府の規制機関の数と権限を拡大することで、議会の承認を回避できるようにする
⑪地方政府を従属させる
⑫国会議員を廃止する（与党を失脚させる自由な選挙に抵抗する）

⑬アメリカ修正憲法第17条を支持する
⑭憲法制定大会を萎縮させる
⑮すべての輸送産業を管理する／政府が定める燃料効率のレベルを強制し、汚染制限を遵守させる。税金を投入することで、すべての主要都市に大量交通機関を拡大する
⑯すべてのエネルギーを管理する／汚染の恐怖とすべての国の天然資源へのアクセスの公平性を口実に、エネルギー生産と価格を国有化する
⑰私有地をなくす
⑱家族文化を破壊する／言論の自由で認められた権利としてポルノを推奨することで、夫と妻、子供と親、人々と教会の間の絆の崩壊を進める
⑲普通と健康を再定義する／同性愛・性的倒錯・乱交を「普通で、自然で、健康な」新たな人々の姿であるとする
⑳結婚の聖礼典（カトリック）を破壊する／平等を口実に、教会のもつ結婚に関するすべての権限を剝奪する。確立された法律と要件に従い、適切に署名された書類を裁判所書記官が認めることで結婚をすることができる

㉑伝統的な家族観の信用を傷つける／ジェンダー（性別）・ジェンダーの好み、人数に関係なく、同意した成人の結合を受け入れることを法律で強制し、自然な家族制度を希薄化させる

㉒ジェンダー（性別）の区別をなくす／性別や性的自認に関係なく、あらゆる個人を認識し、受け入れ、促進することをすべての機関に強制する。男性と女性の生物学的な違いを曖昧にし、その違いに基づく要件を排除する

㉓中絶の権利を保障する

㉔家族のサイズの制限をする／子供に対する税の優遇措置をなくす。世界人口を削減するため、責任ある家族計画を推進する

㉕神を中心とする信仰を、人文主義に置き換える／教壇に浸透することで、社会的・政治的課題を促進する「社会的宗教」を創設する（※人文主義とは、ヒューマニズムとも呼ばれる、「人間は精神的・感情的なニーズを満たすことに神や宗教を必要としない」という考えのこと）

㉖教会への税優遇措置・寄付の税優遇措置を廃止し、教会経済を破壊する

㉗市場から現金をなくす／電子銀行ネットワークを世界に拡大し、すべての

取引の電子記録を保持することを可能にし、必要に応じて適切な政府機関がアクセスできるようにする

㉘国際的なヘルスケアを導入する／ヘルスケア（医療）を国有化し、国際管理委員会の管理下に置く。ＷＨＯは２０１２年に、「21世紀において、健康は共通の責任であり、必要なケアへの公平なアクセスと国境を越えた脅威に対する包括的な防御を含む」と述べている。共有された平等なアクセスというのは、政府による管理を意味している

㉙世界最高裁判所を設置する

㉚環境に関する世界的な立法府をつくる／環境をコントロールすることで、経済をコントロールする

㉛環境権を人権よりも優先する

㉜すべての天然資源を国有化する／資源が見つかった場所の所有者に関係なく、国が管理する。これらを低水洗・無水洗トイレ、バッテリー駆動車（ＥＶ車）、低エネルギーの電球、リサイクル可能な容器、リサイクルの義務化、低エネルギーの家電製品など、環境的に正しい選択の促進に利用する。こ

れらはすべて政府に義務付けられたものであり、自由市場のインセンティブや発明によって動かされたものではない（→自然ではなく、維持することが困難な仕組み）

㉝核兵器を一方的に廃止する／すべての核兵器を廃棄することが道徳的強さを示す幻想を育てる。２０１２年、オバマ大統領は80％の核兵器を放棄すると宣言している

㉞イスラエルを無力化する／国連の裁定により、イスラエルに強制的にすべての係争地をパレスチナに渡させることで、イスラエル・パレスチナ問題を解決する。エルサレムの半分か半分以上をパレスチナに譲らせる

㉟すべての産業を国有化する／環境の健全性を理由に、鉄鋼・工業・自動車・機械・鉄道・航空会社などのすべての重工業に対する規制権限を国連に付与する

㊱動物の権利を人権と同期する／肉に税金を課し、動物を使用した治験を禁止し、人間が動物製品を使用することを禁止する

㊲教育に浸透し、規制する／学校を掌握し、社会主義の目標とイデオロギー

を推進する。1992年、国連は環境に対する人間の影響を減らすための「アジェンダ21」を採択している。環境を維持する方法を子供に徹底的に教え込むことは、国連の使命の一つ

㊳情報を管理する

㊴労働者に浸透し、規制する／あらゆるレベルですべての労働者を組合化し、国際的な規制機関で労働者を支配する。政府からの命令が遵守されるよう、監視員を設置する

㊵すべての労働を選択的なものであると支持する／失業者や病人、定年退職者に金銭的なセーフティーネットを提供することで、労働を自主的なものにする

㊶アメリカ合衆国憲法の信用を落とす

㊷自由の英雄（アメリカ建国者たち）の信用を落とす

㊸アメリカ文化の信用を傷つけるために、歴史を書き換える

㊹全能の政府規制を推進する／教育・福祉・精神保健クリニック・社会機関・芸術などに対する政府の管理を求めるあらゆる運動を支援する

㊺社会主義をあらゆる場所に導入する／発展途上国では、政治的・社会的安定を達成するための最も効率的なモデルとして社会主義を推進する
㊻危機を利用して法制定をする／世界政府の大規模な変革を正当化するため、広範な混乱を引き起こす。トップダウン管理を拡大し、個人の権利を制限する手段として、周期的な混乱を利用する

②「社会主義者の46の目標」から見る現在

■グローバリストによる世界秩序破壊の手口

グローバリストは世界を単一にすることで、管理しやすくすることを狙っています。そのために「国」という概念を消し去るため、あの手この手で浸透工作をしています。「社会主義者の46の目標」は、大きく分けて7つのカテゴリに分けることができます。目標と手段、管理、気候変動詐欺、移民、ＬＧＢＴＱ、教育、伝統の破壊です。並び変えたものを表にしてみました。

カテゴリで見る「社会主義者の46の目標」

【伝統破壊】

⑬アメリカ修正憲法第17条を支持する
⑭憲法制定大会を萎縮させる
⑳結婚の聖礼典（カトリック）を破壊する
㉓中絶の権利を保障する
㉔家族のサイズの制限をする
㉕神を中心とする信仰を人文主義に置き換える
㉖教会への税優遇措置・寄付の税優遇措置を廃止し、教会経済を破壊する
㉞イスラエルを無力化する
㊶アメリカ合衆国憲法の信用を落とす
㊷自由の英雄（アメリカ建国者たち）の信用を落とす
㊸アメリカ文化の信用を傷つけるために歴史を書き換える

【気候変動】

④環境支配者を確立する
⑮すべての輸送産業を管理する
㉚環境に関する世界的な立法府をつくる
㉛環境権を人権よりも優先する
㉜すべての天然資源を国有化する
㉟すべての産業を国有化する

【LGBTQ】

⑱家族文化を破壊する
⑲普通と健康を再定義する
㉑伝統的な家族観の信用を傷つける
㉒ジェンダー（性別）の区別をなくす

【移民】

③国境と国家主権をなくす

【目標と手段】

①社会主義を推奨し資本主義を貶める
②国連を推奨する
㊺社会主義をあらゆる場所に導入する
㊻危機を利用して法制定をする

【管理】

⑤世界共通通貨を発行し世界準備銀行に管理させる
⑥国連が主導してインターネットを支配する
⑦経済支配者を確立する
⑧経済的平等
⑨支配者のための法
⑩議会を無関係にする
⑪地方政府を従属させる
⑫国会議員を廃止する
⑯すべてのエネルギーを管理する
⑰私有地をなくす
㉗市場から現金をなくす
㉘国際的なヘルスケアを導入する
㉙世界最高裁判所を設置する
㉝核兵器を一方的に廃止する
㊱動物の権利を人権と同期する
㊳情報を管理する
㊴労働者に浸透し、規制する
㊵すべての労働を選択的なものであると支持する
㊹全能の政府規制を推進する

【教育】

㊲教育に浸透し規制する

■危機的状況を国連で解決する

グローバリストは様々な社会問題を世界で一丸となって解決しなければならないと宣伝し、莫大な資金を集め、人々の行動を強制的に変化させ、権力を一部の人々に集約させようとしています（目標㊻危機を利用して法制定をする）。

中心になるのが国連です（目標②国連を推奨する）。

その先に待っているのは社会主義であり、一般人の自由の喪失です（目標①社会主義を推奨し、資本主義を貶める／目標㊺社会主義をあらゆる場所に導入する）。

■国境をなくす

日本の外務省は日本を含めて世界に196カ国あるとしています。国によって文化・伝統・環境・経済、ありとあらゆるものが違い、国民性の違いもあります。

一般人を管理したいグローバリストからすると、「国」という個別になっているのは煩わしいもの。そのため、国境をなくすことを狙います（目標③国境と国家主権をなくす）。

国境をなくすのに利用されるのが「移民」です。これは第三章で詳しく扱いますが、世界中の先進国で難民と称する移民の大量流入により、国民が二の次にされ、国の伝統が薄れていき、「国」が薄まっていっています。

■伝統を破壊する

国境をなくすのに障害になるのがそれぞれの国の伝統であり愛国者です。

拙著『裸の共産主義者：虹色の狂気の正体』で紹介しましたが、かつてのソ連政府が共産主義革命を完全に成功させることができなかった理由が、歴史の中で築き上げられた伝統を法で変えることができなかったのです。

人間はロボットではありませんので、人々の内側に根付いているものを、法によって瞬時に変えることはできません。

社会を構成する最小単位は「家族」です。

家族は子供が最初に出会う集団であり、最も長く成長の時間を過ごす場でもあります。

言い換えると、社会の最小単位である家族の在り方を変えることができれば、その国の社会を変えることができるのです。

親と子供の関係を崩すために使われているのがLGBTQという、性的マイノリティの人々をカテゴライズしている概念です（目標⑱⑲㉑㉒）。

幼い子供に積極的に過激な性教育を施そうとしている左翼活動家の狙いは、判断能力の乏しい子供を親から引き離すことで、子供たちを社会主義・共産主義思想に染めていきやすくすることです。「自分らしく」という言葉と虹色で推し進められている過激なLGBTQ思想は究極の個人主義の推進でもあります。

キリスト教国の多い西側諸国では、キリスト教が伝統の基礎になっている国が多く、伝統の破壊のための標的にされています（目標⑳㉓㉕㉖㉞）。

愛国者はグローバリストの天敵であり、愛国者を減らす目的で、国の歴史や建国者たちを否定します（目標㊶㊷㊸）。

■便利・安心と引き換えに自由を失う

パンデミックをきっかけに、キャッシュレス決済が普及しました。デビットカードやクレジットカードに加え、スマホ決済、バーコードやＱＲコード決済など、多種多様な方法があります。

この流れに乗じて、各国政府がデジタル通貨（ＣＢＤＣ：Central Bank Digital Currency）の導入を続々と発表し、日本は２０２１年4月にデジタル通貨の試験運用を開始しています。

現金を持つ必要がないため、紛失や盗難のリスクは低く、キャッシュレス決済に慣れた人々が増えたことで、抵抗なく受け入れる環境が整っているのではないでしょうか。

日本のコロナ禍では、マイナンバー制度の積極的な導入も進められました。

民主党政権時に考案されたマイナンバー制度は、あくまでも「自主的」だったはずが、ゴリ推しされるようになりました。

ポイントをエサに多くの日本国民にマイナンバー制度の活用をさせるようにし、「お得さ」と「便利さ」が強調され、デジタル庁ホームページによると、今では75％の日本国民がマイナンバー制度の利用をするようになっています。

私はカナダで政府が暴走する恐怖を、身をもって経験しました。詳しくは『北米からの警告』（徳間書店）の半分近くのページを割いて紹介している「フリーダムコンボイ」というカナダ史上最大の抗議活動で触れましたが、国家権力の前に、私たち一般国民は抵抗のしようがなくなってしまいました。

トルドー政権に歯向かった人々の銀行口座は、アルカイダやタリバンのようなテロ組織の資産凍結に使用される法律が適用され凍結、抗議活動のために集まった寄付金も凍結されたのです。

幸いにも現地で現金や現物支援をする人がたくさんいたため、抗議活動を継続することができましたが、政府の意向次第で路頭に迷うことになりかねないのです。

この経験から、いかなる理由であれ、政府に絶大な権力を与えてはならないことを学びました。

同時に、便利さと引き換えに失うものがあることも学びました。

デジタル通貨は便利かもしれませんが、政府がいつでも、どこでも、「**あなたの**」資産を凍結することが可能になるのです。

「自分は政府に目をつけられるようなことをすることはないから大丈夫」というのは、カナダで地獄を体験した私からすると甘い考えと言わざるを得ません。

カナダに住む人々が味わった絶望を無駄にしないためにも、政府に管理されることに対する危険性を一人でも多くの人に知っていただきたいと思っています。

■気候変動詐欺で一般人を管理する

気候変動問題はグローバリストにとって、最も利用しやすいものです。

遅くとも小学生のころから徹底して「気候変動問題に真剣に取り組まなければならない」と刷り込み続けられ、「気候変動問題は喫緊の人類の抱える大問題」と信じて疑わない人が非常に多い。

内閣府が令和5年に実施した「気候変動に関する世論調査」によると、「気候変動が引き起こす問題に関心があるか」という問いに、89・4%が「関心がある」と回答し、

「脱炭素社会の実現に向け、二酸化炭素などの排出を減らす取り組みについてどう思うか」という問いに、「積極的、または、ある程度取り組みたい」と回答したのが90・2％にのぼりました。

実際は地球の二酸化炭素濃度は歴史的に低い水準ですし、政治家や環境活動家が騒いでいるような大問題は起きていません。詳細は拙著『北米からの警告』（徳間書店）を参考にしてください。

何も問題がないにもかかわらず、人々の自由を制限することはできません。気候変動は人類滅亡の危機レベルの壮大なものとするのに加え、「未来の世代のために」という一人一人に責任を感じさせることで、容易に社会構造に変化を加えることができているのです（目標④⑮㉚㉛㉜㉟）。

■政府に依存させる

国民を管理するために必要なのが、国民の政府への依存体質です。

国民が政府に反抗することなく、むしろ政府の敵に対抗してくれるようにすることで、より国民を管理しやすくしています。

ポール・スコーセンは政府による過剰な社会保障には4つの問題があると指摘しています。

1つ目に、社会保障は権利意識を生みます。

定期的でタイムリーな政府補助金は、やがて受給者に「社会は私にすべてを施す義務がある」という意識になり、権利として食料・衣類・医療・住宅・雇用など、あらゆるものを受け取る権利があるように求めるようになります。

2つ目が、社会保障は堂々めぐりになるということ。スコーセンは「自分の尻尾にかみつく蛇」と表現しています。

政府による支給が増えれば予算が必要になり、増税が必要になる。やがてビジネスに打撃を与え、雇用喪失につながり、政府補助に頼る人が増える。政府補助に頼る人が増えればさらに財源が必要になり、増税——という無限サイクルに陥ってしまう懸念があるのです。

3つ目が、国家福祉は個人の責任の重荷を軽くし、個人がもつはずの思いやりの感覚を破壊することです。

生活困窮者を助ける雑務が、政府と呼ばれる無害で顔も魂もない組織に押し付けられることになるのです。

4つ目が、生活困窮者に状況を改善する動機をほとんど与えないということ。国家福祉は基本的なニーズを満たすため、人生をタダ乗りで過ごすことは長期的には人々の役に立たず、学び成長する能力を破壊するのです。

つまり、社会保障を手厚くするということは、政府に依存する人を増やし、権利を奪おうとする政府の敵（政府の肥大化を問題視し、自由を取り返そうとする人々）に徹底対抗する親衛隊をつくることが可能になるのです。

権利意識を持たせることで政府に依存させ、ある程度のエサを与え続けることで状況を維持させて、政府の肥大化を進めることが可能になります。

ハンガリー系アメリカ人のメルチオール・パーリィは「民主主義において、福祉国家はやがて警察国家になる」と警告していましたが、自由と引き換えに楽・安心さを与えてもらうことで、最後は一般市民が完全に管理される国になってしまうのです。

■情報統制をすることで、疑問を持たせない

情報統制は人々を管理するために欠かせない主要な柱です。

コロナ禍以降、「誤情報」という言葉をよく目にするようになりました。

インターネットとＳＮＳの急速な普及により、情報の拡散速度・範囲は飛躍的に向上し、それまで新聞やテレビという時差が生じる媒体でしか情報を得ることはできなかったのが、個人がいつでもどこでも情報を得ることができるようになりました。

それだけでなく、私のような個人が情報発信をすることができるようになり、情報を取り巻く環境は劇的な変化を見せています。それまでメディアが報道しないことで隠していたことが明るみに出るようになり、真実が明るみになることも増えてきました。

一方で、誤情報の急速な拡散が問題にもなっています。私を含め、時間の経過で、自分が信じていたことが間違っていて、冷静に振り返ると「なんであんなことを信じていたのだろうか」と反省している人もいるのではないでしょうか。

グローバリストはこの問題点を強調することで、情報統制を狙います（目標⑥㊳）。

グローバリストは人々の自由を制限しようとします。

合理的な理由なく自由を失うことを一般の人々が受け入れることはありません。ですから、危機的状況を煽ることで、自由を失うことを受け入れさせるのですが（目標㊻）、「本当に危機的状況なのか」と疑問をもたれることが、グローバリストにとっての危機的状況なのです。

自分たちが煽っていることが嘘であるとバレたとき、人々は聞く耳をもたなくなります。

インターネットやSNSの普及はグローバリストにとっては、そのような機会を生みかねない危険な場です。

振り返ってみると、公の場で大衆に向けたコロナ対策を呼びかけていた政治家や専門家は、ことごとく間違ったことを発信していました。

その間違ったことを言っていた人々は「命を危険に晒すような誤情報を取り締まるべき」と主張し、一方で後に正確な情報だったと分かったことを発信していた人々は言論の自由を保障するように主張しています。

情報というのは算数の「1＋1＝2」のように、「確実にこの答えだ」と言い切ることができないものが多い。

そのため、〝だれが〟情報の正誤を判断するかで、答えは変わってくるのです。

残念ながらコロナ禍を経ても、情報統制の危険性に気づくことができていない人が多くいます。

情報統制をする側と同意見のとき、人々は情報統制をされることで被害を受けることがないので、何ら問題意識をもつことがないためです。それどころか自分が正しいと優越感に浸ることができるため、気持ちがいいはずです。

大衆が情報統制されていることを危機的状況と思うときは、すでに手遅れになっているときでしょう。

■グローバル化と国際化

株式会社カブ&ピースの社長で、ファッション通販サイトで有名な株式会社ZOZO創業者の前澤友作さんの2024年9月15日の「グローバル化と国際化の違い」に関するXへの投稿が注目されました。

グローバル化と国際化の違い。

グローバル化は「国境の垣根をできる限り引き下げ、ヒト、モノ、カネの流れを活発化させる現象」。

国際化は「国境や国籍は維持したまま、各国の伝統や文化、制度を尊重し互いの相違を認めつつ積極的に交流していく現象」。

僕は国際化が好き。


私も国際化が好きです。本来あるべき国と国の関係の進歩は、グローバル化ではなく、国際化であるべきです。

グローバル化を進めるグローバリストは、コロナ禍とバイデン民主党政権誕生によりかつてない勢いで世界を変えようとしています。

「社会主義者の46の目標」に見事に合致したもので、ここから2章に分け、特に急速に進んだ国境崩壊による移民問題と検閲・情報統制をテーマに、日本の主流メディアが報じていない現実を紹介していきます。

第三章 不法移民による惨状

①アメリカは侵略されている

■国境をなくしたいグローバリスト

「国」という概念をなくすため、グローバリストは国境をなくすことを狙っています。

国境というのは、あくまでも人間が決めたものであり、線や壁があるところもありますが、物理的に国境をなくすことはほぼ不可能です。

そこで、「移民」を推進することによりその国の国民を薄め、結果として国の境目をなくしていこうとしています。

グローバリストと、彼らに利用されている社会正義マンたちは、合法的な移民と不法移民をごちゃ混ぜにしています。

合法移民と聞くと問題ないように思えるかもしれませんが、イギリスやカナダのような国は、合法移民を増やしすぎたことによる問題が発生しています。

アメリカやフランス・ドイツのようなＥＵ先進国は、不法移民の殺到による問題に悩まされています。

本章ではアメリカの不法移民問題を中心に、移民による侵略をまとめていきます。移民問題は第四章で触れる検閲問題と同様に、それだけで上下巻の本が成立するほどの問題が数多くあります。本書の目的は移民問題だけにフォーカスするものではないため、厳選した内容のみにしてあります。氷山の一角であることを念頭に読み進めていただけたらと思います。

■南部国境不法移民問題

アメリカは不法移民問題に長年悩まされ続けています。２０１６年大統領選挙でトランプ前大統領が勝利したきっかけの一つが不法移民問題でした。

特にアメリカ南部の国境から不法移民が大量に流入し続け、バイデン政権発足により見たことがないレベルの不法移民が殺到することになっています。

トランプ政権の目玉政策が国境の壁建設でした。民主党の激しい抵抗にあったことで遅々として進まず、トランプ政権がとった作戦が、国家非常事態宣言を出すことによって大統領権限を強化することにより、国境の壁建設に必要な費用を集めることで

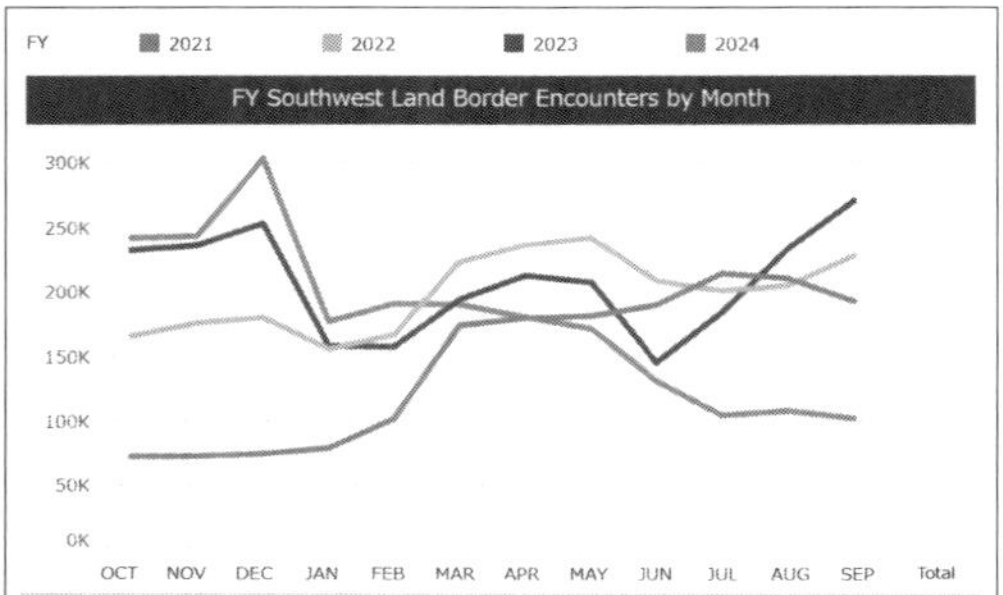

	OCT	NOV	DEC	JAN	FEB	MAR	APR	MAY	JUN	JUL	AUG	SEP	Total
2024	240,927	242,399	301,981	176,195	189,913	189,359	179,737	170,716	130,415	104,100	107,473	101,790	2,135,005
2023	231,529	235,173	252,315	157,358	156,630	193,249	211,992	206,690	144,556	183,479	232,963	269,735	2,475,669
2022	164,837	174,845	179,253	154,874	166,010	222,574	235,785	241,136	207,834	200,162	204,087	227,547	2,378,944
2021	71,929	72,113	73,994	78,414	101,099	173,277	178,795	180,597	189,034	213,593	209,840	192,001	1,734,686

最新の CBP データ（南部国境）
参考：https://www.cbp.gov/newsroom/stats/southwest-land-border-encounters

した。

バイデン政権発足直後、バイデンが大統領令で国家非常事態宣言を解除、国境の壁建設を中止したことが「不法移民をアメリカ民主党は歓迎します」というメッセージを世界に拡散することになり、世界１６０カ国以上から大量の不法移民が流入する原因になりました。

アメリカ関税国境警備局のデータによれば、データを取り始めてからの約１００年間で、バイデン政権の南部国境不法移民逮捕者数は前例のない異常事態です。

２０２１年度は約１７３万人、２０２２年度は約２３８万人、２０２３年度は約２４５万人、２０２４年度は約２１３万人でした（※会計年度ごとの数字で、10

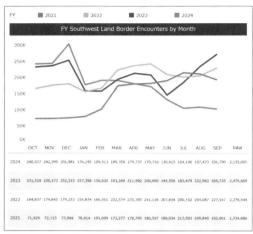

月1日～翌年9月30日までの数字。たとえば２０２１年度は、２０２０年10月1日～２０２１年9月30日)。

これらの数字は、何度も繰り返し不法入国を繰り返したことで、一人で複数回逮捕されているケースも含まれています。

また、〝Gotaway〟（逃走）と呼ばれる、国境警備局員が目視で確認したり、国境に設置されたセンサーが感知、またはドローンにより空中から確認することができたけれども、逮捕することができずにアメリカに不法入国を許したケースは〝含まれていません〟。

逃走の数字はあくまでも推計値でしかなく、過小に見積もられている可能性が高いのですが、ＦＯＸニュースが入手した内部データによると、バイデン政権によって爆増しているのが分かります。

２０１０年度～２０２０年度のオバマ・トランプ政権下では概ね10万人～15万人ほどでした。単純計算で1日平均で２７３人～４１０人の逃走がいたということ。

バイデン政権は２０２１年度に約39万人、２０２２年度に約60万人、２０２３年度に約67万人という4倍以上の数。毎日１０６８人～１８３５人の逃走者がいたということです。

また、南部国境に設置されているカメラ５００台のうち、３分の１にあたる約１５０台が故障したまま放置されていることがＮＢＣニュースの２０２４年10月20日の報道で明らかにされました。感知できていない不法移民逃走者はかなりの数いるとみられ、実数は倍近いかもしれません。

これらの数字は先述の合計逮捕者数には含まれていませんし、後述するスマホアプリによる入国をした事実上の不法移民も含まれていないため、実数はこんなものではありません。

■北部国境不法移民問題

国境が崩壊しているのは南部だけではありません。

カナダとの世界最長の国境のある北部国境も崩壊しています。

２０２１年度の約２・７万人から、２０２２年度には約11万人、２０２３年度は約19万人、２０２４年度は約20万人とバイデン政権発足前の50倍以上に激増。世界97カ

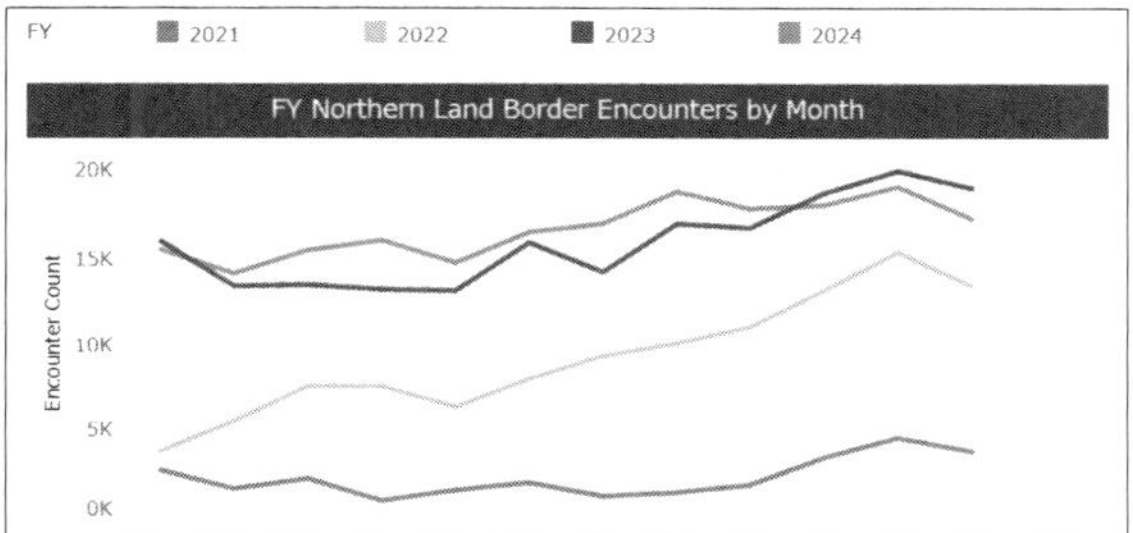

	OCT	NOV	DEC	JAN	FEB	MAR	APR	MAY	JUN	JUL	AUG	SEP	Total
2024	15,396	14,055	15,364	15,916	14,653	16,368	16,848	18,663	17,700	17,895	18,944	17,127	198,929
2023	15,879	13,331	13,390	13,126	13,052	15,790	14,128	16,833	16,618	18,569	19,834	18,852	189,402
2022	3,728	5,398	7,402	7,397	6,194	7,822	9,156	9,913	10,882	13,056	15,260	13,327	109,535
2021	2,660	1,657	2,205	997	1,579	1,989	1,250	1,449	1,881	3,359	4,456	3,698	27,180

最新の CBP データ（北部国境全体）
参考：https://www.cbp.gov/newsroom/stats/nationwide-encounters

国からの不法入国者が確認されている北部国境では、過去13年間の合計をたった1年で上回っているセクターもあるほどの崩壊状態。

数字だけ見ると南部国境ほどではありませんが、今まで不法入国者がほとんどいなかったエリアのため、南部国境と違って対応するリソースがアメリカ側にもカナダ側にもありません。ですから、南部国境に北部国境への応援要請をする事態になるほど、現場は大混乱になっていました。

北部国境の不法移民が増えた理由は、カナダに観光ビザで入国し、陸路でアメリカに不法入国するパターンが増えたことです。

南部国境から不法入国するにはメキシコのカルテルやギャングの不法入国ビジネスに多

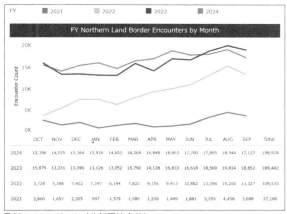

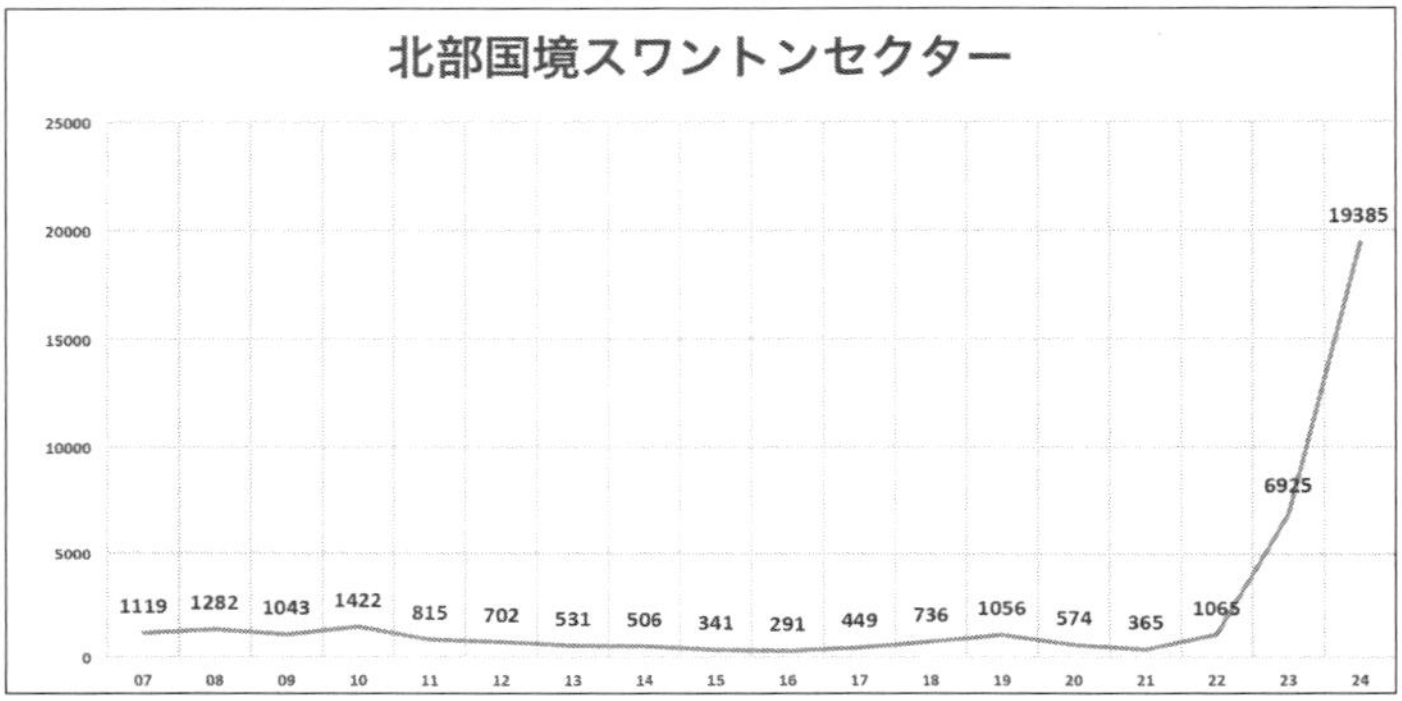

北部国境スワントンセクターの2007年以降の推移／アメリカはニューヨーク州とヴァーモント州、カナダはオンタリオ州とケベック州の国境線

額のカネを支払わさせられる、誘拐・レイプ・強盗被害に遭うリスクがあります。

北部国境ではそのようなことは少ないため、カナダへの観光ビザを容易に取得できる国の出身者がこのような方法でアメリカへの不法入国をしています。かつては中国からの不法入国者の基本ルートでしたが、現在は97カ国と国籍が多様化しています。

アメリカからカナダに不法入国するケースも増えています。アメリカに比べ、社会保障が完備されていることや（実際は医療崩壊を起こしていますが…）、後述する「聖域都市」と呼ばれる不法移民を手厚く保護することを掲げている都市に大量に不法移民が殺到したことで、劣悪な環境であったり、ホームレス化する不法移民が後を絶たない状況になっているためです。一時期ニューヨーク州が資金を出し、不法移民をカナダに送り込んでいたことも明らかになっています。

カナダ移民難民局のデータによると、２０２１年は１５５１人だったのが、２０２２年には2万８９６人、２０２３年には3万１５２０人と、カナダへの不法入国者が激増していました。

南東部国境不法移民問題

アメリカ南東部のフロリダ州には、海路で不法入国するケースが増えています。この地域を管轄するマイアミセクターの不法入国逮捕者数データを見ると、２０２１年度は約１・６万人、２０２２年度は約２・７万人程度だったのが、２０２３年度には約21万人、２０２４年度は約27万人と突如として爆発的な増加を見せています。

フロリダに海路で来るのは主にカリブ海に浮かぶ島国出身者で、ハイチ出身者が中心です。

ハイチは２０２１年7月に大統領が暗殺、8月に大地震があり、２０２３年1月以降は国会議員が不在、2024年3月には暴動が発生し、外遊中だった首相が帰国不能になり、ギャングのリーダーが一部地域を掌握するという、完全無法地帯になっています。

世界最貧国と呼ばれる国ですが、そもそもの原因はアメリカ産の米を売りつけたかったビル・クリントン政権によりハイチのコメ農家が困窮し農村部の経済が崩壊、ヒラリー・クリントンが自叙伝で「新しいアプローチを試す場所」と、社会実験場にしていたことを明かすほど、アメリカのおもちゃにされた国です。

このハイチ出身者はアメリカ各地に後述するプログラムで見かけ上合法的にアメリカに滞在し、各地で問題を引き起こしています。

■CHNV特別釈放

バイデン民主党は不法移民を受け入れすぎたことで、民主党支持者からも批判される事態になりました。不法移民はアメリカで民主党が権力を握り続けるために不可欠ですが、党の支持を失わないようにバランスを取る必要に迫られました。

そこで考案したのがCHNV Parole（CHNV特別釈放）とアプリCBP　Oneです。アプリに関しては後述します。

CHNVとは、Cキューバ、Hハイチ、Nニカラグア、Vベネズエラの頭文字を並べたもので、これら4カ国を優遇する制度です。後にウクライナが追加されています。トランプ政権最後の年の２０２０年度のCHNVからの不法移民は1万７５３１人。これが２０２１年度には10倍以上の18万を超え、２０２２年度には60万人を超えました。

２０２２年10月（中間選挙の直前）、バイデン政権はベネズエラ出身者が殺到していることを受け、２万４０００人を対象にParole（特別釈放）をすることを発表。

Parole（特別釈放）は、「緊急の人道上の理由がある」「公共に著しい利益がある」など、ケースバイケースで適用される特別措置。バイデン政権初期の元国境警備局長の証言によると、特別釈放の運用は「年に5～10人を超えたことはない」ということでしたが、バイデン政権は数百万人単位で濫用しています。

後述しますが審査はザルで、危険人物かどうかも分からない、身分証明証を捨てている人もいるので、本人なのかも分からない人々を、バイデン政権の言う〝合法的〟

な方法で入国させました。

２０２３年1月にはＣＨＮＶ４カ国に拡充され、対象も毎月３万人、つまり年間36万人を受け入れると発表しました。

1月開始から14カ月で、キューバ人７・９万人、ハイチ人15・1万人、ニカラグア人６・４万人、ベネズエラ人９・１万人がアメリカに流入しています。

２０２４年時点で、ＣＨＮＶ特別釈放は約53万人、後述するアプリで80万人以上がアメリカに見かけ上合法的に入国していて、これらの約１３３万人は不法入国逮捕者数には含まれていません。

この後第二次トランプ政権が直面する大きな壁がこれらの国です。強制送還する術が、事実上ほぼないのです。

キューバ、ベネズエラ、ニカラグアはアメリカの敵対国のため、強制送還命令が移民裁判所から正式に出たとしても、必要な書類をそれぞれの国側が発行しないため、飛行機を使うことができないかもしれないのです。ハイチは国として成立しておらず、空港が閉鎖状態です。トランプ政権がどのような策を講じるのかに注目です。

■不正し放題だったＣＨＮＶ特別釈放

アメリカはハイチの全人口の５％、キューバとニカラグアの全人口の６％をＣＨＮＶ特別釈放と通常の不法入国で受け入れたと試算されています。

ＣＨＮＶ特別釈放は事前に審査を受けた不法移民予備軍を受け入れる制度ですが、この審査も滅茶苦茶で、不正し放題だったことが発覚しました。

『ワシントンタイムズ』が２０２４年9月9日にアメリカ移民局の移民管理記録部門トップによる内部監査報告書を入手、驚きの不正の実態を明かしました。

ＣＨＮＶ特別釈放に申請するためには、アメリカ国内で身元引き受けをしてくれる人と住所が必要になりますが、身元引受人申請者のうち約１０００人の社会保障番号（日本のマイナンバー）が、すでに死亡している人のものでした。

数千の住所が存在しないような適当な住所だったことも判明。ＳＮＳ上で５０００ドルで身元引受人情報の売買もされています。オバマ元大統領の妻ミシェル・オバマのパスポート番号が使用されたものも確認されています。

ハイチ人がウクライナ人として申請していたケースも発覚し、これはＣＨＮＶ４カ国は合わせて月間３万人という人数制限がありますが、後に追加されたウクライナ人に人数制限はなかったためです。これらの問題により、ＣＨＮＶ特別釈放プログラムがどれだけ欠陥があったたか、杜撰な審査・管理がされていたか浮き彫りになりました。

また、移民局は身元引受人ビジネスを禁止していないことや、不法移民が身元引受人になることができ、不法移民が不法移民を呼ぶことができるようになっていたことも判明。現在は指紋提出を義務付け、不正防止策を講じていますが、すでに大量の不法移民予備軍を受け入れていて、手遅れと言えるでしょう。

■ＣＨＮＶ特別釈放の申請者が住んでいた国

特別待遇を受ける４カ国の人々は、ＣＨＮＶ特別釈放の対象に選ばれれば、全米45の空港に直接飛んでいき、入国することが可能になります。

彼らがどこからのフライトに乗ってくるかと聞けば、普通は「それぞれの祖国」と考えるでしょう。

２０２４年６月17日に非営利団体Center for Immigration Studies（ＣＩＳ）が情報公開請求で得た情報を基にした報道は、まったく違う現実を示していました。対象者の国籍は４カ国ですが、彼らは77カ国から飛んできていたのです。具体的には、フランス、ドイツ、フィンランド、ノルウェー、オランダ、スイス、スウェーデン、イタリア、ポーランド、チェコ、アイスランド、ギリシャ、フィジーなど。ほとんどが安全な先進国ばかりで、人道的な助けが必要な人々ではなく、生活クオリティを上げるチャンスと思った人々によって悪用されていることがよく分かると思います。

これはＣＨＮＶ特別釈放だけに限らず、不法移民全体に言えることで、彼らは「難民」としてアメリカにやってきますが、祖国の生活が困窮していることは、国際法上の難民の定義には当てはまらず、そもそも助ける義務も義理もない人々なのです。

■スマホアプリでお手軽に不法入国

不法入国者の激増による国境崩壊を受け、バイデン政権はより迅速に不法入国者の受け入れ手続きをできるように新たなテクノロジーを導入します。

スマホアプリの『ＣＢＰ Ｏｎｅ』と呼ばれるものです。私はカナダ在住ですが、私もグーグルストアでダウンロードすることができました。

英語とスペイン語に対応しているアプリで、事前に申請することで、カリフォルニア、アリゾナ、テキサス州の指定の入国ポイントに指定の日時に行き、簡易審査で入国することができる仕組みです。飛行機で直接アメリカに入国することも可能です。

バイデン政権はParole（特別釈放）という、本来はケースバイケースで審査されればほとんど適用されることがない制度をこのアプリにも適用し、「合法的な手段による受け入れ」としているため、不法入国逮捕者数には含まれていません。毎日１４５０人を上限に不法移民予備軍を受け入れていますので、南部国境不法入国逮捕者数の実数は単純計算で毎月４万人以上は過小になっていることになります。

２０２４年7月までに約76・５万人の不法移民予備軍が受け入れられ、却下率はわずか４％です。

ハードルの極めて高いビザの取得が不可能で、本来であればアメリカには不法入国するしかアメリカに入国する術がない人が使用するアプリですから、不法移民予備軍と呼んでもいいでしょう。

私は普段のユーチューブ動画でも、あえて予備〝群〟ではなく、予備〝軍〟という表現を使用しています。危険人物の流入の原因になっているものであり、アメリカ侵略者が含まれているためです。

ＣＢＰ Ｏｎｅの対象はＣＨＮＶ４カ国と発表されていましたが、Center for Immigration Studiesが情報公開請求で得た内部データによると、２０２３年8月までに23・6万人が陸路からＣＢＰ Ｏｎｅにより入国し、ＣＨＮＶ出身者は13・6万人で、残りの10万人は93カ国出身者でした。

93カ国の中には、フランス、ギリシャ、ポーランド、カナダ、スペインのような、どう考えても人道的な保護が必要ないような国の出身者が含まれています。

■欠陥アプリ

制度だけでなく、ＣＢＰ Ｏｎｅ自体も欠陥だらけです。

そもそもＣＢＰ Ｏｎｅを利用する人は、不法入国しなければアメリカに受け入れてもらうことができない人です。

バイデン政権はアプリを通じて事前に不法入国する気であることを通達することで、合法的な方法で受け入れた合法移民とみなしているのです。

また、事前に危険人物ではないことを申告する必要があるのですが、明らかなザルチェック。

後述する国家安全保障問題につながる話ですが、アメリカと正常な国交関係のない国、たとえばベネズエラのような国は、アメリカ政府に不法移民問題で協力していません。ベネズエラ国家がもつ犯罪者データベースにアメリカ政府がアクセスすることはできず、ベネズエラ出身の不法移民予備軍が「私は犯罪歴がありません」と言っても、裏取りすることはほぼ不可能なのです。

この問題はアプリに限らず、通常の不法入国者の受け入れ手続きでも同様の問題があり、実際にギャングメンバーや殺人指名手配犯のような凶悪犯罪者がアプリや通常の不法入国で「問題なし」として受け入れられていることが分かっています。実例は後述します。

下院共和党国土安全委員会が得たデータによると、2023年1月～9月の期間中のアプリ利用者審査通過率は脅威の95・8％。

この数字から明らかなのが、明らかなザルチェック審査ということ。

たとえば、ＣＢＰ　Ｏｎｅの事前申請の中に、アメリカ国内の居住予定場所を入力する必要があります。

２０２４年８月19日に公開された国土安全保障省監査長官の報告書によると、監査をした26万４５５０人の目的地住所のうち、約20万９０００人が、少なくとも別の人物と同じ場所を目的地にしていました。

中には親族の可能性もありますので、すべてが怪しいわけではありませんが、報告書では「７カ所を１７００人が目的地住所」にしていることが明かされました。

具体的な州名は言及されていませんが、４ベッドルームの家を３５８人の不法移民予備軍が目的地にしているケースも明らかにされています。

■正規ルートも滅茶苦茶

通常の陸路（自動車）のアメリカ入国者に対する入国審査も、バイデン政権によって危険なレベルにまで緩められていることが分かっています。

２０２４年６月７日に公開された国土安全保障省監査長官の報告書によると、国境警備局の管理職レベルが、入国審査を制限していたのです。

たとえば、アメリカに入国しようとする車の運転手には質問をしてもいいが、助手席や後部座席に座っている人にはしないよう指示を何度も出していました。

また、Simplified Arrival を使用しないよう指示を出していたという、信じられないことも明らかにされました。

Simplified Arrival は国土安全保障省がもつ生体認証ツールで、指名手配・国家安全保障の懸念・越境履歴などを調べることができるものです。

報告書では「国土安全保障省は危険人物を流入させるリスクにある」と指摘。正式な身分証明のない人物の入国を許していたケースも確認されています。

■空飛ぶ不法移民問題

不法移民は陸・海だけでなく、空からも来ています。

先述したＣＢＰ　ＯｎｅやＣＨＮＶ特別釈放を含め、バイデン政権はある一定の国から事前申請すれば、飛行機で直接アメリカに入国することを許可しています。具体的な行き先は明らかにされていませんでしたが、ＣＩＳが公開情報から独自分析をした結果、２０２４年４月１日にどこにどれだけの不法移民が空から到着していたかが明らかにされました。

２０２２年10月にベネズエラを対象にして始まり、その後対象国をキューバ、ハイチ、ニカラグア、コロンビアに拡大した後、グアテマラ、エルサルバドル、ホンジュラス、エクアドルがさらに追加され、２０２４年２月までに約38・６万人がアメリカに入国していました。

突出して多かったのがフロリダ州マイアミで、32・６万人が到着していました。次に多かったのがテキサス州ヒューストンで２万１９６４人。

この２カ所だけで90％超です。

他にはカリフォルニア州ロサンゼルスに８３８２人。マサチューセッツ州ボストンが４８７９人、メリーランド州ボルチモア３７８４人などが目的地になっていました。

■聖域都市という名の無法地帯

不法入国者は南部州からアメリカに不法入国した後、そのまま南部州に留まる人もいますが、大多数は全米にある「聖域都市」に向かいます。不法移民にとっての聖域になっている都市で、州法・条例・裁判所判決など、場所によって法的根拠に違いがありますが、不法移民を手厚く保護している点では同じです。

衣食住の無料の提供、現金や一定の金額が定期的に給付されるデビットカード、無料の健康保険の提供、運転免許証の交付など、聖域都市によってサービスは異なります。

不法移民の強制退去処分を執行するのが移民関税執行局（ＩＣＥ〈読み方はアイス〉）ですが、地元警察にＩＣＥに協力することを禁じたり、不法移民と思われる犯罪者の国籍を尋ねることを禁止することで、強制退去処分から守ってくれている聖域都市もあります。

アメリカ国民以上のサービスや保護を受けることができているのが不法移民なのです。ＣＩＳによると、２０２４年9月時点で州全体が聖域州になっているのが全米で

13州とワシントンDC、州内で郡や都市が聖域都市をもつ州が22州あります。

■共和党地区に送り込まれる不法移民

保守系団体のヘリテージ財団の調査部門Oversight Projectが、スマホの位置情報履歴を分析し、南部国境から不法入国した後、不法移民がどこに向かっていったかを明らかにしました。

先述のとおり、基本的には聖域都市を目指すのですが、中にはバイデン政権やNGO団体により、その他の場所に送られているケースもあります。

Oversight Projectは公開情報や内部関係者の情報をもとに、不法移民が一時的に収容される施設を特定、その施設で2022年1月に確認されたスマホのGPS情報を追跡しました（※アメリカでは、スマホの位置情報が商用販売されています）。

大きく分けて4つの調査が実施され、結果は次のとおりでした。

①連邦政府施設2カ所で、407台分のGPSを確認、その後40州に移動し

ていた。

②20カ所のNGO施設で22000台のGPSを確認、その後連邦下院選挙区431地区に移動していた（※連邦下院選挙区は435議席を人口比で分配）。431地区のうち、特に52地区に集中し、37地区（71％）は共和党下院議員が選出されている地区だった。

③13カ所のNGO施設で約5000台のGPSを確認、下院選挙区433地区に移動していた。

④カトリック教会で確認された3400台を追跡したところ、下院選挙区433地区に移動していた。

基本的に共和党は不法移民に反対していますが、人々が知らないところで、共和党が優位な地区に不法移民が送り込まれているのです。

■民主党が不法移民を歓迎する理由

本章を最後まで読むことで、不法移民は国家安全保障の脅威であり、血税を貪る金食い虫であることが理解できると思います。

それでも民主党は不法移民をアメリカ人以上に厚遇することで、一人でも多くの不法移民をアメリカに入れようとし、左翼活動家は一人でも多く強制退去処分から免れ、市民権を付与できるように奮闘しています。

正常な思考回路と教養があれば、その国にいること自体が犯罪の不法移民を受け入れようなどとはならないはずです。

民主党が不法移民を望む理由は何か？　この答えは一つではなく、立場によって答えは異なります。ここでは5つに分けて紹介します。

①グローバリスト：国境をなくす

「社会主義者の46の目標」でも紹介したとおり、最終的なゴール地点は国境をなくし、アメリカ人を〝薄める〟ことで、グローバリストにとって都合の良い世界秩序の樹立を目指します。数は最も少ないですが、富と権力を最ももっているエリート層です。

②政治家（民主党）：人口の補充と岩盤支持層の確保

民主党は「2030年問題」を抱えています。詳細は後述しますが、アメリカ人が民主党が支配するブルーステートから逃げ出し、人口減少が止まらないのです。コロナ禍の非科学的な独裁国家のようなコロナ規制、重税、生活コストの上昇、治安の悪化など、住む価値のない場所から、共和党支配の健全な州に人口が大量に流出しています。

このままでは次の国勢調査で人口減少が反映され、連邦下院議席の配分が減り、政治的なパワーバランスが共和党に傾き、補助金の配分も減る可能性があるのです。

現在のアメリカの国勢調査は、アメリカ人と外国人を分けずに人口動態調査がされ、2020年にトランプ政権が外国人と区別しようとしましたが、連邦最高裁判所の命令で区別することができませんでした。

そのため、一人でも多くの不法移民を迎えることで、流出した人口を補充することで、政治権力の維持とカネの確保を狙っているのです。

③大企業：現代の奴隷の確保

不法移民は安い労働力確保に最適です。後述しますが、子供を含め、不法移民を奴隷のように扱っています。

ＦＯＸニュース、ＣＢＳニュース、ペンシルベニア州ローカルメディア『アクションニュース』、『ブルームバーグ』などのあらゆるメディアの報道で、大手食品加工工場のある地域に不法移民が集中していることが報じられています。

『アクションニュース』によると、人材派遣会社が不法移民を工場に人材派遣し、時給の一部を中抜きする仕組みができています。

たとえば、人材派遣会社のProsperity Servicesは食品会社Fourth Street Foodsに41カ国７００人（ほとんどがハイチ人）の外国人労働者を派遣。

外国人労働者は時給12ドルを現金でProsperity Servicesから受け取っていましたが、Fourth Street Foodsに請求していたのは16ドルでした。４ドルの中抜きをしていて、単純計算で1日8時間勤務を5日したとして、月に11・2万ドルを一つの工場からの中抜きで利益としてあげることができています。
Prosperity Services は不法移民と知りながら雇用したとして、経営者らが逮捕されています。

④NGO団体・慈善団体・ホテル産業：補助金ビジネス

不法移民を支援する慈善団体は多くあります。その資金源は寄付と政府からの補助金です。アメリカ各地に不法移民がばら撒かれているのですが、その原資はアメリカ国民が支払った血税がほとんどなのです。ビジネス化している問題点に関しては後述します。

⑤一般市民：社会正義マンの暴走とトランプ錯乱症候群

数ではこの一般市民が最も多いでしょう。

「弱者を救済している自分、マジかっこいい」と慈善活動に酔いしれている社会正義マン（偽善者・自己陶酔・ナルシスト）もいれば、かつての私のように、理由は分からないけれども、メディアが「トランプは悪者」と言いまくったため、トランプ嫌いになっているために、不法移民保護を主張している人も多くいるでしょう。

冷静に考えれば、トランプ政権4年間とバイデン政権4年間を比べ、良くなった点など一つもありません。

経済は崩壊、治安は悪化、世界は第三次世界大戦前夜の混乱。

しかし、「トランプ錯乱症候群」とまで呼ばれるようになった、一種の精神疾患状態になっている人は多く、メディアも数字を稼ぐため、こぞってトランプ叩きを続けています。残念なことに、人間は他人の不幸が面白いのです。

とにかくトランプという男に対する憎悪を掻き立てるために使われている一つが「移民」です。

トランプ大統領は「〝不法〟移民を強制送還する」と言っていて、合法移民を強制送還するとは言っていません。

それを「移民を強制送還する」と報じることで、「トランプ＝移民嫌い」の構図をつくっているのですが、実はトランプ政権はオバマ政権と比較しても、合法的な移民の受け入れは積極的でした。

■民主党の2030年問題

アメリカでは共和党が優位な州をレッドステート、民主党が優位な州をブルーステート呼びます。コロナ禍により、明暗が分かれています。

カリフォルニア州、ニューヨーク州、イリノイ州、ワシントン州のような代表的なブルーステートでは、独裁国家のような厳しいコロナ規制、増税、BLM暴動を支持し、警察予算削減をしたことによる治安の悪化などを理由に、人口の大量流出が起きています。多くのアメリカ人が向かった先は、秩序が保たれているレッドステート。

大きな人口の変化により、民主党は「2030年問題」に直面する可能性があり、その予防措置のため、不法移民を厚遇していると考えられます。

アメリカでは10年に一度、全米の人口動態を調べる国勢調査が行われ、この結果を基に、州ごとの連邦下院議席が再分配されます。

連邦下院議席は全米で435議席で、これが人口比で振り分けられているのです。

連邦下院議席の変化は大統領選挙に大きな変化をもたらします。

アメリカの大統領選挙は選挙人制度というシステムを採用していて、全米の総得票数が多かった候補ではなく、各州に配分されている選挙人票５３８のうち、過半数の２７０以上を獲得した候補が勝利するシステムです。

選挙人票は連邦上院議席と連邦下院議席を足し合わせた数で、連邦上院議席は各州２議席と憲法で定められていて、下院議席は人口比で配分されます。

カリフォルニア州が最大の人口のため、下院議席52、そこに上院議席２が足された54がカリフォルニア州の選挙人票です。

大統領選挙は50州とワシントンＤＣで投票が行われ、メイン州とネブラスカ州を除き、勝者がその州に配分された選挙人票を総取りする仕組みです。

レッドステートは共和党候補の勝利が見込まれ、ブルーステートは民主党の候補の勝利が見込まれているため、現時点では共和党が２３５、民主党が２２６確保することが選挙前の時点で事実上決まっていて、選挙人票の差は９。

スイングステートと呼ばれる激戦州が勝敗を決めることになり、２０２４年選挙では、7州が勝敗を分ける重要州とされていました（アリゾナ、ネバダ、ジョージア、ウィスコンシン、ミシガン、ペンシルベニア、ノースカロライナ州）。

The American Redistricting Projectという団体は、2023年12月末時点の人口動態を基に、2030年国勢調査による下院議席配分の変化予測を出しています。

議席を増やす予測で最大がテキサス州で4議席の増加、次いでフロリダ州の3議席、アリゾナ、ジョージア、アイダホ、ノースカロライナ、テネシー、ユタ州が1議席ずつ増やすと見込まれています。

最も議席を減らす州がカリフォルニアで4議席減、ニューヨーク州が3議席、イリノイ州が2議席、ミネソタ、オレゴン、ペンシルベニア、ロードアイランド州が1議席ずつ減らす予測です。

議席を減らす予測の州はすべて民主党が州知事で、ペンシルベニア州下院議会を除き、すべての州上院・下院を民主党が支配していて、議席を増やす予測の州は、アリゾナ・ジョージア州を除き、すべてレッドステートという特徴があります。

この議席配分の変化を基にすると、最新の国勢調査を基にした大統領選挙がある2032年以降は、共和党が選挙前に246、民主党が214の選挙人票を確保している状態ということで、9票だった選挙前の選挙人票差が32にまで拡大します。

こうなると民主党はスイングステートのほとんどで勝利しなければいけなくなり、

オバマのときの熱狂レベルのエネルギーがなければ、一生大統領選挙で勝つことができなくなるおそれがあるのです。

アメリカの国勢調査はアメリカ人だけでなく、市民権を持たない外国人も含まれています。

トランプ政権時に外国人と分ける調査を導入しようとしましたが、連邦最高裁により差し止められてしまいました。

２０３０年の国勢調査がどのような形式で実施されるかは、２０２８年大統領選挙で勝利した大統領次第ですので現時点では不明ですが、民主党としては不法移民を大量に迎え入れることで、失った人口を補塡することを狙っているのです。

■岩盤支持層の確保

不法移民を大量に受け入れることで民主党が政治的に成功した例とされているのが、共和党レーガン政権の移民改革です。

この当時も不法移民問題があり、当時のレーガン政権は民主党と交渉し、約

300万人の不法移民に合法的な永住権を付与することを条件に、不法移民の流入を食い止める法整備をすることになりました。ところが、民主党が支配していた議会が裏切り、移民改革は中途半端になり、不法移民が合法移民に変わっただけでした。

1958年~1988年まで、1964年を除いて、カリフォルニア州は共和党が常に勝利していたレッドステートでした。ところが、不法移民が合法移民になった途端、不法移民が大量に住むカリフォルニア州はブルーステート化し、1992年以降は共和党大統領候補が勝利したことは一度もありません。

不法移民を手厚く保護する民主党は不法移民から人気があるため、不法移民は民主党岩盤支持層になるのです。

そしてこの経験は2013年の時点で活かすべきものとして、民主党系シンクタンクが提案していました。

The Center for American Progress（CAP）は、ジョン・ポデスタが設立したシンクタンク。ポデスタはビル・クリントンの大統領首席補佐官、ヒラリー・クリントンの選挙キャンペーントップ、バイデン政権の環境関連の補佐官として370億ドルの予算の管理を任せられている、民主党の重鎮。

２０１３年に公開したＣＡＰの分析報告書で「民主党が選挙の力を維持するためには、不法移民に市民権を付与することが唯一の道」と指摘。２０４３年までに人種や肌の色の多数派がいなくなると予測しています。

今日のバイデン民主党による国境破壊政策は、２０１３年の時点で計画していたことだったのです。

この先民主党政権が再び誕生したとき、党内のグローバリスト勢力を排除することができていなければ、再び同じことが起きることになるでしょう。

②不法移民と国家安全保障リスク

■ザルチェックの実態

不法移民問題は国家安全保障リスクに直結するものです。

テロリスト、ギャングやカルテル、殺人・強盗・暴行のような凶悪犯罪者、敵対国出身でスパイの可能性のある人物、違法薬物、さらには感染症のような病気リスクを含め、人命にかかわるようなリスクを引き込むことになります。

大量の不法移民がアメリカに殺到していますが、危険人物かどうかの判別ができているかという、まったくできていません。

前例のないとてつもない数の不法移民が押し寄せた結果、手続きをする施設はパンク状態。そのため、とにかく質よりも早さが求められ、結果として危険人物の流入につながっています。

そもそも時間をかけた身辺調査をしたところで、ＣＢＰ Ｏｎｅに関連して指摘したとおり、ベネズエラのような敵対国の犯罪者情報をアメリカは持っていないため、調べる術がありません。

また、国境警備局員から逃げることに成功した不法入国者が２００万人以上いますが、その中に危険人物がいないわけがありません。

私がアメリカに敵対する国のトップなら。このチャンスを生かすために大量の工作員を送り込みます。

不法移民は時限爆弾のようなもので、アメリカに不法入国した時点では爆発しませんが、何かのタイミングでドカンと一斉に爆発する可能性があります。

それがいつなのか、数日先なのか、数年先なのかは分かりませんが、大量の時限爆弾を自国に設置しまくっているのが、グローバリストに乗っ取られた民主党なのです。

■テロリストの流入

南部国境で不法入国しようとして発見されたテロリスト監視対象者の数は、二度と破られることがないであろう記録を打ち立てています。

２０２１年度は16人、２０２２年度は98人、２０２３年度は１７１人、２０２４年度は１０６人と。トランプ政権の４年間を足し合わせた14人をたった１年で大幅に上回っています。

これらは未然に不法入国を防ぐことができたわけですが、Gotaway（逃走）に成功した約２００万人のうち、単純計算で約１０２人のテロリストが逃走者の中に含まれていると考えられます（不法入国逮捕者数に占めるテロリスト監視対象者の割合の４年平均が０・００５１２５％）。

アメリカに「問題なし」として入国させた後になって、テロリストの可能性があることが浮上した例がいくつも報告されています。

①8人のテロリスト一斉摘発

２０２４年6月11日、ＩＣＥ（移民関税執行局）とＦＢＩ（連邦捜査局）の合同テロリズムタスクフォースは、８人のＩＳＩＳに関係するテロリストを全米で一斉摘発したことを発表しました。

８人はタジキスタン出身者で、ニューヨークシティ、ロサンゼルス、フィラデルフィアという大都市に潜伏していました。

８人全員南部国境から不法入国し、「問題なし」としてアメリカ国内に釈放されていました。

少なくとも2人は２０２３年春に不法入国していて、1年以上アメリカで自由の身であったことがわかり、別の一人はアプリＣＢＰ　Ｏｎｅで入国していました。

爆弾製造に関する話をしているところを盗聴したことで逮捕にまで至ったわけですが、とんでもない爆弾テロ事件が起きてしまっていたかもしれなかったのです。

②ＩＳＩＳ関係者が2年以上アメリカに滞在

メリーランド州ボルチモアで２０２４年４月17日に逮捕されたＩＳＩＳ関係のテロリストもアメリカに堂々と不法入国していました。

２０２２年２月にアリゾナ州から不法入国し、「問題なし」としてアメリカ国内で自由の身。

２０２３年５月にウズベキスタン政府が世界にテロリストの危険性がある人物として警告を発するも、アメリカ政府がその情報を基にした入国者データの確認をしたのは２０２４年３月。

翌月には逮捕されましたが、約２年間アメリカでやりたいことをやれていたのです。

③自由に飛行機に乗れていたテロリスト

アフガニスタン出身のテロリストが２０２４年４月11日に逮捕されています。

この人物は２０２３年３月10日にカリフォルニア州から不法入国し、身辺調査でテロリスト監視対象者のデータと一致していました。

２０１３年～２０１５年にかけて、アフガニスタンでアメリカ人を９人殺害しているテロリストグループＨＩＧのメンバーだったのです。

ところが、テロリスト監視対象者と完全一致するかどうかを裏付けるものがなかったため、「問題なし」として国内釈放。

このテロリストは難民申請し、労働ビザを申請し、国内フライトを自由にすることができていました。

２０２４年２月にＦＢＩがテロリストであることを警告し、ＩＣＥによって２月28日に逮捕。３月28日の移民裁判まで拘束されることに。

この移民裁判でＩＣＥは謎な行動をします。

テロリストであるという機密情報を裁判官に伝えず、国家安全保障リスクがあることを裁判官になぜか隠したのです。

担当判事は判決が出るまでの間、１・２万ドルの保釈金で保釈命令を出しました。

なぜＩＣＥはテロリストであるという事実を隠したのかは不明ですが、ヤケクソになってとんでもない行動をしていたかもしれなかったのです。

テロリストがアメリカ国内に釈放されていた例は他にもあるのですが、たった３つだけでも、超大国の国家安全保障の緩さが分かるのではないでしょうか。

■空の安全を脅かすバイデン政権

テロリストが大量に流入している中、バイデン政権は空の安全を脅かしています。

画像の中にある看板に注目してほしいのですが、上は英語、下はスペイン語で書かれています。「パスポートを持たない、非アメリカ国民はこちら」と書いてあります。

不法移民は不法入国時に身分を偽るケースがあります。

すぐに思い浮かぶ理由は、犯罪人であることを隠すことではないでしょうか。

その他にも、おそらく大多数が、安全な第三国

空港に掲示された看板
出典：Bill Melugin 氏の X より

に難民として滞在していたことを隠すことで、アメリカでの難民手続きを有利にするためです。

そのため、ＩＤカードやパスポートのような身分証明証は不法入国直後に捨てられ、不法入国ポイントには大量の身分証明証のゴミが散乱しています。彼らはアメリカに不法入国した後は身分証明証がないわけで、こうなるとアメリカ国内を移動するための飛行機に乗ることができなくなります。

日本ではなぜかＩＤ確認はありませんが、アメリカやカナダは国内線でも身分証明証の提示が必須です。

ところが看板から分かるとおり、身分証明証がなくとも飛行機に乗せているのです。代わりに使用しているのが、出廷通知書。移民裁判に出廷する日が書かれているのですが、この紙切れに顔写真はありません。すり替わることが可能なのです。

現時点では何も問題は起きていませんが、問題が起きたときというのは、とてつもない規模の死者が出るような事件かもしれません。

バイデン民主党は安全保障を何も理解していないのです。

空の安全に関してはもう一つの大きな問題が起きています。

国境を開放したことにより南部国境には大量の不法移民が押し寄せ、その対応に国境警備局だけでは限界があり、様々な部署から応援が駆けつけることになりました。

連邦航空保安官もその一つです。

連邦航空保安官とは、実際にフライトに一般人に紛れて乗り、緊急事態に対応する空の安全を守る重要な役職です。すべてのフライトに同乗しているわけではなく、全体の９％程度に同乗しているとされています。

バイデン政権は自分たちで招いた国境危機の対応に、連邦航空保安官を使ったのです。

トランプ政権のときにボランティアで国境対応の応援の呼びかけはありましたが、バイデン政権は21日ごとの強制参加としました。

結果として本来のフライトに同乗できる連邦航空保安官が減り、航空保安官全国委員会によると、１％のフライトしか必要な警備を提供することができない事態になっていたのです。

■特別関心外国人の流入

ＦＯＸニュースは２０２３年10月10日、関税国境警備局の内部データを基にして、Special Interest Aliens（特別関心外国人）が大量に流入していることを明らかにしました。

特別関心外国人とは、アメリカ政府がテロリズムを推進、テロリスト保護をしていることで、国家安全保障リスクがあるとしている国からの外国人のことです。

流出したデータによると、２０２１年10月〜２０２３年10月の３年間で、大量の特別関心外国人が南部国境で不法入国したことで逮捕されていたのです。この中のどれだけが国内に釈放されているかはデータからは不明です。

出身国を並べていくと、トルコ３万８３０人、モーリタニア１万５５９４人、ウズベキスタン１万２６２４人、アフガニスタン６３８６人、エジプト３１５３人、パキスタン１６１３人、イラン６５９人、シリア５３８人、ヨルダン１８５人、レバノン１６４人、イラク１２３人です。

ＦＯＸニュースが取材をした複数の国境警備局員によると、特別関心外国人の出身国の多くがアメリカに非協力的なため、身辺調査をすることが難しく、国家安全保障リスクに直結する危険人物を見落としている可能性があると証言しています。実際に起きていることであり具体例は先述しました。

２０２３年12月に続報があり、報道のあった10月から約２カ月間で、約１・３万人の特別関心外国人が流入していることが報じられています。トルコ、アフガニスタン、スーダン、シリア、イラン、イエメン、ロシアのような国々です。

■ギャング・カルテルの流入

ギャングやカルテルのメンバーの中には、身分を隠して不法入国に成功している例がいくつもあります。逃走してアメリカに不法入国するのではなく、普通の不法移民に紛れて不法入国し、「問題なし」と判断されてアメリカ国内に釈放されている例がいくつもあるのです。

そもそもギャングやカルテルのメンバーかの判別をどのようにしているのかという

と、大きく分けて2種類の方法があります。

一つ目は、出身国のもつ犯罪データです。これは先述したとおり、友好関係がなければデータの共有はされないため、使えないケースが多い。

もう一つの方法が、タトゥーの有無です。

メンバー同士で仲間かどうかを判別するため、星や冠などの特定のタトゥーをしていることが多く、目視で確認するのです。

近年、メキシコカルテルの若者メンバーの中には、取り締まりを防ぐために、あえてタトゥーをしないように命令を受けているケースもあることが分かっていて、タトゥーによる識別もいつか不可能になる日がくるかもしれません。

■ペルーのギャングリーダー

ギャングが流入していた具体例をいくつかあげてみます。

2024年8月14日、南部国境からほぼ正反対にあるニューヨーク州で、ジャンフランコ・トーレス＝ナバロとミシェル・ソル・イバンナ・オルティス・ウビルスの2

人が逮捕されたことが発表されました。

ナバロは「ロス・キラーズ」と呼ばれるペルーのギャングリーダーで、ウビルスは交際相手であり、右腕的存在とも呼ばれる人物でした。

ナバロはペルーで23人の殺害に関与した凶悪人物でしたが、アメリカに問題なく不法入国することができています。

２０２４年5月16日、テキサス州から不法入国し、同日に「問題なし」として釈放。ペルー政府が少なくとも10人のギャングメンバーの通話・テキスト履歴と位置情報を確認したことで、７月３日に国際指名手配し、８日にアメリカ政府が把握し、８月14日に逮捕されたのでした。

大問題なのは、このように「問題なし」と判断され、適正手続きを経て釈放されているということです。

今回のケースは大物だったのですぐに逮捕されましたが、他にも同様のパターンで危険人物が流入していると考えるのが普通でしょう。

■アラグア州の列車

インターポール（国際警察）に「ベネズエラ最悪のギャング」と呼ばれるのが、「アラグア州の列車」というギャングです。

名前こそダサいですが、ベネズエラのトコロン刑務所を一時期支配し、年間300万ドルの利益を得ていたほど、やりたい放題の危険な集団です。

刑務所とは名ばかりで、動物園・野球場・バー・ディスコ・スイミングプールが運営され、一般人も住んでいたという、意味不明なことになっていました。

ベネズエラだけでなく、ボリビア、ブラジル、コロンビア、エクアドル、ペルーでも活動している国際犯罪組織です。

関税国境警備局の諜報分析によると、2023年1月時点で、ニューヨーク州3都市だけで400人のメンバーが潜伏しているとされ、全米では1000人以上が活動しているとみられています。NBCニュースによると、連邦法執行機関による進行中の犯罪捜査は100件を超えています。

メキシコ北部のチワワという可愛らしい名前の街に活動拠点をつくったことも分かっています。

第二次トランプ政権により、後述する不法入国ビジネスは衰退する可能性が高い。そうなると、ボロ儲けできなくなるカルテルとの間の縄張り争いが起きるのではないかと危惧しています。

■アラグア州の列車による犯罪

全米でアラグア州の列車による犯罪が確認されています。

覆面取材を得意とするプロジェクト・ヴェリタス創設者のジェームズ・オキーフが入手した米軍の内部文書によると、２０２４年８月時点で、少なくとも10州でアラグア州の列車による犯罪が確認されています。

①ニューヨーク州警察集団暴行事件

２０２４年１月27日、ニューヨーク州ニューヨークシティで集団窃盗の通報があり、警察が急行。近くにいた犯人に職務質問をしたところ、少なくとも13人の不法移民によって警察が集団暴行を受けました。

すぐに逮捕された7人のうち、1人は別件の裁判で保釈金1・5万ドルで保釈されていました。

他の6人は警察を集団暴行しておきながら、保釈金なしで保釈され、そのうちの4人は慈善団体の支援でカリフォルニア州にバスで逃亡しようとしましたが、途中の休憩ポイントで確保されました。

逮捕者の中にアラグア州の列車のメンバーがいたことが確認されています。

刑事の話によると、ニューヨークシティで集団窃盗している不法移民グループは、ニューヨークシティで窃盗で稼ぎ、フロリダ州で遊びに使い、カネに困ったらニューヨークシティに戻ってくるというのを繰り返していると言います。

②コロラド州アパートメント占拠事件

不法移民を受け入れている多くの都市が民主党支配です。コロラド州の州都デンバーも例外ではなく、不法移民の数ではニューヨークシティよりも少ないですが、人口当たりの不法移民受け入れ数は全米最大です。

デンバーから車で30分ほどの郊外の街にオーロラという、ブルーステートのコロラド州の中では共和党支持者が比較的多い街があります。

２０２３年に入りアラグア州の列車が根城にするようになり、アパートメントを支配するようになりました。

不法侵入・暴行・脅迫・薬物の使用・違法な武器の所持にとどまらず、薬物取引・未成年者を含めた性的サービスの提供の拠点として使われ、要求に応じない住民が撃たれてもいます。

２０２４年９月11日、アラグア州の列車メンバー10人が、アパートメントの支配に関与したとして逮捕されています。

７月にアパートメントで発生した殺人未遂事件で、４人が逮捕されていましたが、そのうちの２人はわずか１０００ドルで保釈されています。

③テキサス州ホテル占拠事件

南部国境州テキサスの中でも、特に不法移民が殺到する場所がエルパソです。

エルパソ中心地にあるゲートウェイホテルは、アラグア州の列車によって支配され、過去2年間で693回の通報や苦情の相談が寄せられ、2024年9月に裁判所命令で一時的に閉鎖されることが決まっています。

このホテルでは10件の暴行事件、13件の乱闘騒動、11件の薬物取引、20件の公務執行妨害が確認されていました。

④ジョージア州看護学生殺害事件

22歳のレイケン・ライリーは朝のジョギング中に不法移民に襲われ、殺害されました。ジョージア州の看護学生を襲ったのは、26歳のベネズエラ人のホセ・アントニオ・イバラ。兄のディエゴと同じ、アラグア州の列車のメンバーです。

イバラは2022年9月8日にテキサス州エルパソから不法入国しました。このとき、交際相手と交際相手の5歳の子供と家族を装い、迅速な手続きを受けることに成功し、24時間以内にアメリカ国内に釈放されています。

2023年10月に破局したことをきっかけに、不法入国していた兄弟が住んでいるジョージア州に引っ越し、10月27日に窃盗事件で逮捕。12月8日にまた窃盗で逮捕され、

２０２４年２月22日に殺人事件を起こしたのでした。

２件の窃盗事件はイバラと兄のディエゴが起こしています。

ディエゴは２０２３年４月３日にテキサス州イーグルパスから不法入国し、このときはメキシコ側に強制退去させられました。

ところが、４月30日にエルパソから再度不法入国したときは入国が認められています。

このとき、国境警備局員に暴行をしたことが分かっていますが、足首にＧＰＳ発信機をつけることを条件に釈放され、コロラド州に向かいました。

３週間後にＧＰＳ発信機を破壊し、ジョージア州に引っ越し、９月24日に無免許運転・飲酒運転・覚せい剤使用・大麻使用で逮捕されましたが、裁判をすっぽかしています。

その後、弟のイバラと共に２件の窃盗事件を起こし、２０２４年２月23日にグリーンカードの偽造で逮捕されました。

ディエゴは偽造したグリーンカードを使うことで、一時的にジョージア州の大学で働いていたことがあることも分かっています。

このような危険人物たちが、バイデン政権によってアメリカに流入しているのです。

不法移民によって命を奪われた例は数え切れないほどあり、これらは氷山の一角どころか、氷山の一角に積もった一握りの粉雪くらいのものです。

⑤テキサス州米軍基地襲撃事件

アメリカの国家安全保障の要であり、顔的存在が各地にある米軍基地。アラグア州の列車は米軍基地に攻撃を仕掛けていて、手に負えないことになっています。

２０２４年8月17日、テキサス州の空軍基地で2度の銃撃事件が起きました。最初は午前2時20分ころに二人組の男が19発発砲、２回目は午前4時48分ころで、15発が撃ち込まれています。警備兵が応戦しましたが、犯人はその場から逃走。翌日の午後5時ころ、動画の撮影をしている不審人物が目撃されています。19日には、別のテキサス州内にある米軍基地にベネズエラ人が不法侵入したことで逮捕され、アラグア州の列車メンバーであることが分かっています。

国土安全保障省捜査局の諜報報告で、アラグア州の列車のメンバーに対し、「法執行機関に危害を加えるグリーンライト（許可）が出た」と明らかにされていて、法執行機関ではありませんが、米軍基地襲撃はその一環ではないかとみて捜査が続いています。

■意図的なアメリカへの危険人物送還

凶悪犯罪を犯し、祖国で指名手配されていたり、服役していた危険人物も流入しています。

アメリカと敵対関係にあるベネズエラは、投獄中の凶悪犯罪者を意図的に釈放し、アメリカに送り込んでいる可能性があることが、国土安全保障省の諜報報告で明らかにされています。

ベネズエラ版ＣＩＡのBolivarian National Intelligence Serviceが主導していると報告されているため、アメリカを攻撃することが目的なのは明白です。

信じられないのが、このような情報が２０２２年時点でありながら、バイデン政権はベネズエラからの不法移民を止めるどころか、受け入れを拡大しています。

バイデン政権発足以来、大量のベネズエラ人が流入していて、全米で不法入国、逃走、

CHNVプログラムを足すと、間違いなく100万人を超えています。

先述のとおり、危険人物かどうかの判別はベネズエラの犯罪データベースにアクセスできない以上、調べようがありません。

アラグア州の列車に限らず、危険な犯罪者が紛れ込んでいないわけがありませんので、相当数の危険人物がアメリカに潜伏していると考えるべきでしょう。

■重犯罪者の流入

アメリカには世界から犯罪者が集まっています。その多くが強制退去されるリスクがほとんどない聖域都市に集まる傾向にあります。

①禁錮275年ブラジル人脱獄殺人鬼

ブラジル人のアントニオ・ホセ・デ・アブレウ・ビダル・フィーリョは、2015年に11人を殺害したとして、2023年6月に禁錮275年の刑を言い渡されましたが脱獄し、アメリカのニューハンプシャー州に潜伏しているところを逮捕されました。

②アプリで入国したハイチ出身の殺人鬼

ハイチ人のケノル・バプティステは、２０２４年４月１日に殺人容疑などで逮捕されました。同じアパートメントに住んでいた２人のハイチ人を刺殺したのです。

バプティステは２０２３年７月25日にＣＢＰ　Ｏｎｅアプリで事前申請することでアメリカに入国を許された不法移民予備軍の一人です。

③自由の身になっていた殺人鬼

ホンジュラス人のカルロス・コラレス＝ラミレスは２０２３年９月３日に逮捕されました。

この人物は２０２３年２月にメリーランド州でナイフを使った刺傷事件を起こし指名手配されていました。

カナダとの北部国境に近いニューヨーク州クリントン郡に潜伏しているところを国境警備局に発見され、逮捕。クリントン郡の地方検察官オフィスに身柄を引き渡されましたが、移送先のメリーランド州が手続きを無視。90日間の拘留期限を迎えたことで釈放され、9月2日に殺人事件を起こしたことで翌日に逮捕されたのでした。

このような殺人鬼だけでなく、強盗・暴行・強姦をするような凶悪犯罪者が大量に流入し、その多くが聖域都市に集まります。民主党が守ってくれることを知っているからです。そしてその代償を、時には命で支払わなければならないのがアメリカ国民です。

『ニューヨークポスト』が2024年9月2日にニューヨークシティ警察の話を報じました。ニューヨーク州のマンハッタン周辺で暴行・強盗・ドメスティックバイオレンスで逮捕される約75％が不法移民だといいます。ニューヨークシティは聖域都市のため、逮捕した不法移民と思われる人物の国籍や移民ステータスを聞くことはできませんが、後の裁判資料で不法移民だったことが確定することが多々あるのです。

治安の悪化以外にも裁判所の負担につながっていて、スペイン語しか話せない犯罪者が多いため、通訳を追加で雇用しなければならなくなっています。この財源は税金です。

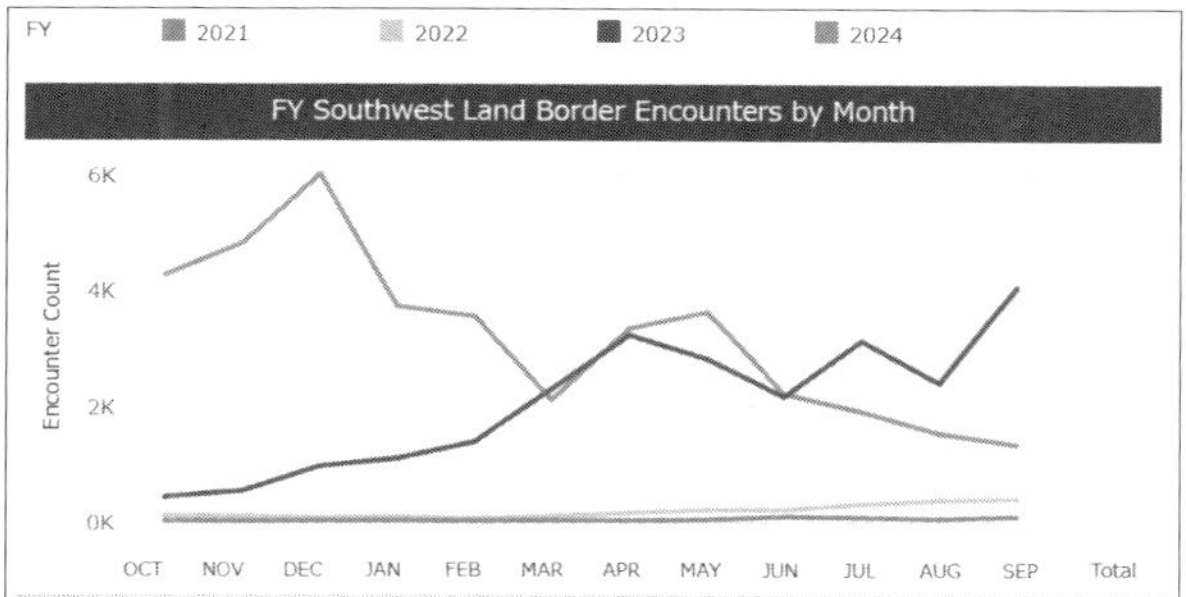

	OCT	NOV	DEC	JAN	FEB	MAR	APR	MAY	JUN	JUL	AUG	SEP	Total
2024	4,261	4,798	5,980	3,716	3,537	2,084	3,324	3,610	2,198	1,891	1,521	1,326	38,246
2023	430	534	950	1,084	1,368	2,278	3,205	2,793	2,147	3,104	2,379	4,042	24,314
2022	104	100	73	89	55	101	156	206	212	306	375	399	2,176
2021	13	10	15	17	13	24	21	37	90	75	49	86	450

爆増する中国からの不法移民
出典：https://www.cbp.gov/newsroom/stats/nationwide-encounters

中国人の流入

アメリカの敵対国は、バイデン政権による国境開放政策を工作員送り込みの絶好の機会とみているに違いありません。この機会を逃すようなことはどこの国もしないでしょう。中国からの不法移民は記録的な爆増を見せていて、工作員が紛れ込んでいる危険性が指摘されています。

中国人に対するアメリカのビザ発給数は２０１６年に２２０万件あったのが、２０２２年には16万件にまで減少しています。正規のルートでアメリカに入国することが難しくなっているため、不法入国するよう

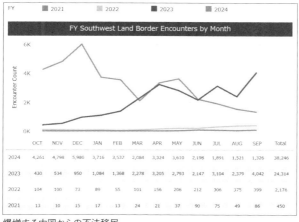

になっているのです。

中国人不法移民の約9割はカリフォルニア州サンディエゴから不法入国しています。これは中国のインターネット等で推奨ルートとして情報が拡散されているためです。中国政府はインターネット検閲を徹底しています。そんな環境下で情報が拡散されているということは、中国人によるアメリカ不法入国は中国共産党が推奨していると言えます。工作員が紛れ込んでいるとみて間違いないでしょう。

すでにいくつかの事件も発生しています。

2024年3月29日、カリフォルニア州にある国内最大の海兵隊基地に中国人不法移民が侵入、逮捕されました。『ウォールストリートジャーナル』の報道によると、ここ数年で中国人による米軍基地侵入は100件近く確認されています（2023年9月4日報道）。

米軍基地以外にも、トランプ大統領の邸宅に不法侵入しようとして中国人が逮捕された事件が、2019年3月と12月に発生しています。

3月の侵入者は4台のスマホ、パソコン、ハードディスク、ウイルスが入ったUSBメモリを所持し、12月の侵入者はビザが切れた不法滞在中国人でした。

■薬物の流入

危険な違法薬物の大量流入も社会問題化しています。

特にフェンタニルと呼ばれる麻酔・鎮痛剤として使用される合成オピオイドの一種が問題になっています。

ヘロインの50倍〜100倍の効果があり、1錠500円程度で入手可能。

バイデン政権発足前から問題視されていたのですが、状況はさらに悪化し、現在はアメリカの18〜45歳の死因第1位が薬物の過剰摂取という事態になっているのです。

フェンタニルの致死量は2㎎。砂糖を一つまみしたくらいの量でも死ぬ危険がある強力な薬物なのです。

『左翼リベラルに破壊され続けるアメリカの現実』（徳間書店）でも紹介しましたが、2022年までに南部国境で押収された量は連邦政府管轄の範囲内で1万294㎏。単純計算で約51・5億人を殺せる量で、人口約3・4億人のアメリカを15回滅ぼすことができる量が押収されていました。テキサス州選出の共和党連邦上院議員ジョン・コーニンによると、2022年3月〜2023年3月までの1年間でも、アメリカを14回滅ぼすことができる量のフェンタニルが押収されています。

フェンタニル流入の諸悪の根源は中国です。

トランプ政権が中国に対して厳しい規制をかけるまで、郵便物の中に紛れ込ませる密輸方法が一般的でした。

直接アメリカに密輸することが難しくなったことで、中国は原材料と加工機材をメキシコに送り、メキシコの麻薬カルテルが精製し、南部国境から流入させるルートに変わっています。

民主党連邦下院議員のデーヴィッド・トローンは「99％のフェンタニル原料は中国がメキシコに送り、ハリスコカルテル、シノロアカルテルにより加工されている」と指摘しています。

中国フェンタニル工場に潜入捜査を何度もしたジャーナリストのベン・ウェスソフは2019年4月のNPRのインタビューで、「中国政府はフェンタニルの輸出を推奨していて、原料の化学工場や輸出企業に補助金や税控除をしている」と話しています。

■感染症の流入

コロナパンデミックは世界中の公衆衛生の在り方を変えました。

アメリカでは次なる公衆衛生の危機の可能性が、不法移民によって持ち込まれています。

２０１４年７月９日のＮＢＣニュースは「子供の不法移民が感染症を持ち込むという、誤った噂やヒステリックを懸念している」と医師の話を報じ、２０１８年12月５日には「移民は病気を持ち込まないどころか、助けてくれている」と、医療従事者の２割を移民が占めていることを理由にして、不法移民を正当化する報道をしていました。

まず前者の記事は現実と乖離していて話にならないとして、後者に関しては典型的な左翼メディアによる不法移民正当化のミスリード記事になっています。

「トランプは移民が嫌い」とよく聞くと思いますが、正確には、「トランプは〝不法〟移民が嫌い」なのです。嫌いというか、法治国家として当たり前の感覚だと思います。

医療従事者になっているのは合法的な移民であり、問題になっている不法移民とごちゃ混ぜにし、「移民」と一括りにしている点で、後者の記事も話になりません。

実際にバイデン民主党による国境崩壊は、感染症の流入をもたらしていることが明らかにされています。

２０２４年3月に発表されたデータによりますと、２０２３年度の結核患者数は２０１３年以来最高を更新しています。

全米で９６７３例報告され、全体の76％にあたる７２５９例はアメリカ人ではない患者でした。結核は潜伏期間が数週間～数年あり、全体の20～30％が活動性（発症）になるとされています。発症者の85％は２０２１年、２０２２年に感染していたと推計されています。

『ワシントンタイムズ』の報道によると、２０２３年5月31日までにアメリカ国内44州に釈放された子供の不法移民のうち、２４５０人が結核菌保有者と検査結果が出ていながら釈放されていて、これは50人に1人の割合。

不法移民が集中しているニューヨークシティは全米平均の約2倍の患者数で、南部国境州で不法移民が殺到するテキサス州は全米平均の約3倍、南西部の海岸線に船で不法移民がやってくるフロリダ州は前年比で21％の結核患者数増加が報告されてます。

１９９０年を最後に報告がなかったポリオ患者の報告も、２０２２年夏にニューヨーク州で初めてありました。

厚生労働省の説明によると、ポリオは腸管に入ったウイルスが脊髄の一部に入り込み、主に手や足に麻痺があらわれ、その麻痺が一生残ってしまうことがあるとされています。

不法移民の約50％がポリオのワクチンを接種済みですが、ほとんどが途上国出身で、経口生ワクチンによる接種と言われています。経口生ワクチンはむしろウイルスの拡散をする危険性があり、ニューヨーク州の下水で検知されているポリオウイルスは経口生ワクチン由来であると発表されています（『ニューヨークポスト』報道）。

２０２４年3月には、多くの不法移民が目指す、イリノイ州シカゴで麻疹の流行が確認されました。感染報告があったのは２０１９年以来のことです。

２０２４年3月5日に報道された時点の3例は、すべて子供の不法移民を収容している施設。3月26日の報道では、26例中19例が子供の患者で、大多数が不法移民でした。

5月16日の『デイリーメール』の報道によると、84％がベネズエラ出身者で、残りの

16%はチリとペルーと関係していることが分かっています。

人間だけでなく、動物にも悪影響を与えています。

テキサス動物健康委員会の委員を50年以上務めるマイケル・ヴィッカーズは、不法移民は食料安全保障の脅威でもあると警鐘を鳴らします。

テキサス州は南部国境州の中でも不法入国者が集中しやすい州。

不法移民由来の人獣共通感染症が家畜に感染し、大量処分を余儀なくされた過去があるのです。

２０１５年にカストロ郡で1万頭、２０１９年にはシャーマン郡で1・3万頭の牛が人間由来の結核に感染していることが分かり、殺処分されました。後の追跡捜査で、不法移民由来だったことが判明しています。

この当時、何頭殺処分しても結核感染牛が増え続け、そもそもこの牧場で働いていた12人の不法移民が結核菌保有者で、牛を感染させ続けていたのです。

バイデン政権により不法移民は50州にばら撒かれていますから、同じことが国境から遥か離れた場所で起きるかもしれません。

不法移民を受け入れることは、公衆衛生上の脅威にもつながる、重大な問題なのです。

③不法移民ビジネス

■不法移民は金のなる木

アメリカを目指す不法移民のほとんどは、「コヨーテ」と呼ばれる不法入国案内ビジネスをしている人々の助けを借ります。

カルテルのような犯罪組織だけでなく、個人で活動するコヨーテも数多くいて、個人で活動している場合は、通過する場所を縄張りにしているカルテルに通行税を収める必要があります。

2022年7月25日の『ニューヨークタイムズ』の報道によると、計画・運搬・監視・隠れ家の運営・出納を担当するチームに分けることで、効率よく活動する集団も現れるほど。

2018年時点で不法移民ビジネスは年間5億ドル程度でしたが、国土安全保障省捜査局の発表によると、130億ドルにまで急成長しています。Center for Immigration Studies（CIS）の推計では、2024年までのバイデン政権3年間で

650億ドル～680億ドルの利益をあげていたのではないかとされています。

ジョージメイソン大学の密入国に関する専門家グアダルペ・コレア＝カブレラによると、不法入国を目指す人々は、ラテンアメリカからであれば4000ドル、アフリカ・ヨーロッパ・アジアからだと2万ドル程度はコヨーテに支払わなければならないと『ニューヨークタイムズ』の取材で話しています。

2000年代は一人1000ドル～3000ドル程度でしたが、2024年6月25日の『ワシントンタイムズ』の報道によると、5万ドル～10万ドルを支払ったケースが報告されています。

国境警備局員は逮捕した不法入国者に、コヨーテにどれだけの金額を支払ったかを確認するのですが、2024年6月9日に逮捕されたメキシコ人は8万ドルを支払ったと証言し、6月18日に逮捕されたグアテマラ人は10万ドルの契約をしたと証言しています。

トランプ政権を見据えてなのか、バイデンインフレが不法入国ビジネスにも直撃しているのかは分かりませんが、相場とかけ離れた金額を支払わされているケースが多発しているのです。

上述のケースはぼったくられているケースですが、２０２４年6月時点の不法入国相場はメキシコ人は９４００ドル、ノーザントライアングル出身者（グアテマラ、ホンジュラス、エルサルバドル）は1万３９００ドルでした。日本円で数百万～数千万円という、先進国である程度の職に就いている人でも支払えないような金額ですが、多くの場合は現金払いではなく、借金をします。わざと借金をしなければならない金額を押し付けられることもあります。

借金をした不法移民たちは、アメリカに不法入国後にアメリカ側にいる関係者に引き渡され、借金の支払いが済むまで、男性は過酷な肉体労働、女性は売春をさせられます。

■新たな不法入国ルートの開拓と旅行会社

『ロイター』は２０２３年9月26日、入手した国連報告書を基に、アフリカからアメリカを目指す不法移民が増えていて、新たなルートが開拓されていることを報じました。マリ、アンゴラ、ギニア、セネガルからの不法移民が増えていることを指摘し、背景にニカラグアを経由する「ニカラグアルート」が知れ渡り始めているからだとしています。

これまでアフリカの人々はビザの関係でまずはブラジルに行く必要がありました。その後、コロンビアとパナマの間にある「ダリエン地峡」と呼ばれる危険なジャングル地帯を通過しなければならないのですが、ニカラグアルートは危険なジャングルを通らなくてよくなるのです。

ニカラグアは台湾と国交断絶し、中国に近づいている国ですから、意図的なアメリカ侵略と中国工作員の送り込みの幇助ではないでしょうか。

『ニューヨークポスト』がセネガルで旅行代理店エージェントとして勤務するアブドゥレイ・ドゥクールに取材したところ、２０２３年10月〜12月に１２００の航空券を販売したと答えています。

ドゥクールによると、ニカラグアルートと今がアメリカ不法入国のチャンスであることは、ＳＮＳ上（TikTokやWhatsApp）で拡散されていることも明かしています。

旅行代理店によっては、コロナ禍で観光客が激減したことで、不法入国ビジネスに転換しているところが増えているとのことです。

■ホテルビジネス

不法移民が引き起こす様々な問題の一つに、住宅不足問題があります。家をもたない不法移民を収容するため、各地でありとあらゆる施設が活用され、アメリカ人が後回しにされています。

不法移民収容のための仮設テントがいっぱいになったニューヨーク州ニューヨークシティでは、本来であればアメリカ人ホームレスのためのシェルターが不法移民収容施設になり、それでも足りずにホテルが収容施設として使用されています。

不法移民問題で一部のホテルは利益を上げています。

『ニューヨークタイムズ』は２０２４年5月25日に、「なぜニューヨークシティのホテルは今、こんなに高いのか」と題し、不法移民問題が観光業に影響を与えていることを指摘しています。

２０２２年の平均1泊料金は２７７・92ドルだったのが、２０２３年は8・５％上昇して３０１・61ドル。２０２４年1月〜３月の閑散期でも、２０２３年1月〜３月が

216・38ドルだったのが、6・7％値上がりし、230・79ドル。

ニューヨークシティ内に約680あるホテルのうち、135軒が不法移民収容施設として市と契約しているため、ホテルの部屋不足が起きているのです。

ニューヨークシティにある5軒に一軒のホテルが不法移民を収容しています。「聖域ホテルプログラム」と称して、ホテルは仮に空室だったとしても、毎日定額を市から受け取ることができます。ホテル管理者からすれば、空室を気にする必要がなく、予約の管理の必要もないため、これほど楽に稼げる仕組みはないのです。

言葉を選ばずに言うと、民度の低い不法移民が多く収容されているため、州兵が派遣されるレベルで治安が悪くなり、薬物取引、日常的に逮捕者が出るなど、ホテルとしての品格が落ちているところが多いですが、利益の点からはホテルからすると魅力的なのでしょう。ニューヨークシティは2024年5月の時点で、ホテルやテントなどの不法移民収容施設だけで19・8億ドルを使っています。ちなみに、その他の食費や人件費などを含めると、48・8億ドルという、途方もない数字です。

1331室のRow NYCというホテルは〝毎月〟513万ドルの契約、335室のThe Crowne Plaza JFKは毎月200万ドルの契約を結んでいたことが、2024年

6月の市議会報告書で明かされています。

不法移民が収容されている市内20%のホテルは、多くがコスパの良いホテルで、中間層の旅行者は著しく高い金額のホテルに滞在せざるを得なくなっていると『ニューヨークタイムズ』は指摘しています。

ホテル業界は補助金で潤うかもしれませんが、観光客による売り上げを期待しているビジネスからすると、これほど困ったことはありません。ただ単に観光客が減るだけでなく、不法移民による組織的な窃盗事件も起きていますから、踏んだり蹴ったりの状態です。

〝非営利〟団体ビジネス

アメリカの不法移民問題を追いかけるようになって以来、私は〝慈善団体〟というのが嫌いになりました。

本当の意味の慈善活動をしているところももちろんあると思いますが、慈善活動という名前のビジネスが横行している実態を知ったからです。

『フリープレス』の２０２４年5月12日記事を参考に、慈善団体による不法移民ビジネスを紹介します。

不法移民の中には、子供だけで不法入国をするケースがあります。

無責任な大人がコヨーテに子供を預けるケースや、国境付近まで帯同して子供だけを不法入国させるケースなど、無料の教育を受けさせること、将来的にアメリカ永住権を取得した子供に呼び寄せてもらうことなど、目的は様々ですが、アメリカに子供を送り込もうとする親がたくさんいるのです。

この子供不法移民支援をしている慈善団体が、巨額の利益を上げていることが分かっています。

子供不法移民は成人と比べると数は少ないですから、これから紹介するのは、慈善団体による不法移民ビジネスのごく一部に過ぎないことを頭の片隅に入れておいてください。

子供不法移民支援で有名な三大団体があり、メリーランド州拠点の Global Refuge、テキサス州拠点の Southwest Key Programs、同じくテキサス州拠点の Endeavors, Inc. です。

これら3団体だけで、２０１８年５・97億ドルの収入だったのが、２０２２年に20億ドルを超えています。

Global Refuge は２０１８年に約５０００万ドルの収入がありましたが、２０２２年には２・07億ドルにまで膨れ上がっています。このうち、１・８億ドルは連邦政府からの補助金、つまり税金です。

バイデン政権の国境開放政策によって不法移民が爆増しているのは先述のとおりです。需要が増えれば、その分だけ経費もかかりますから、補助金が増えているのは自然に思われるかもしれません。

しかし、活動実態は違います。

Global Refuge は２０１９年に２５９１人の子供不法移民を受け入れ、３０００万ドルの経費がかかっていました。

２０２２年は１４４３人の子供不法移民を受け入れ、経費は８２５０万ドル。

いくらバイデンインフレによる影響があるとはいえ、子供の数は半分近くにもかかわらず、経費が2・5倍というのは理解できません。

理由の一つが人件費です。

Global Refugeのの ＣＥＯはオバマ夫人の元補佐官クリシャンティ・オマラ・ヴィニャラージャ。２０１９年にＣＥＯ就任時は年俸24・４万ドルでしたが、２０２２年には52万ドルにまであがっています。

Endeavors, Inc.も同じで、２０１８年の人件費は２０００万ドルでしたが、２０２２年には１・５億ドルにまで増えています。７人の取締役は30万ドルを超える給与を得て、ＣＥＯのジョン・オールマンは70万ドルを得ています。

Southwest Key ProgramsはＣＥＯアンセルモ・ビジャレアルの給与１００万ドルをはじめ、チーフストラテジストは80万ドル、オペレーションリーダーは70万ドルなどを含め、４・65億ドルを人件費に使っています。

慈善団体はタダ働きしろとは思いません。それなりの対価を得る権利はあると思います。

しかし、これは適切な金額といえるのでしょうか。特にアメリカ国民のための活動ではなく、外国人に対して使うカネとして、正しいのでしょうか。

■臓器ビジネス

民主党やグローバリストは、不法移民を受け入れることは「人道的措置」と主張します。

しかし、アメリカまでの危険な道のりとリスクは軽視されていて、人道的と呼ぶには程遠い現状があります。

不法移民はカルテルやギャングのような犯罪組織の助けを得てアメリカ不法入国を目指します。

犯罪組織ですから、カネさえ払えばいいわけではなく、強姦・暴行・強盗・誘拐のリスクが常につきまといます。

中には臓器売買のために目を付けられ、誘拐されてしまうケースもあると指摘されています。

２０２３年11月14日に、下院国土安全保障省委員会の国境警備執行小委員会と緊急事態管理・技術小委員会の共同公聴会で、アメリカンミリタリー大学のジャロッド・

サドゥルスキーが不法入国を目指す人々が標的にされていることを明かしました。特に未成年者の臓器の市場が拡大していると指摘します。

サドゥルスキーによると、臓器売買ビジネスをする犯罪者たちは、不法移民グループの中に入り、誰が脆弱か（標的にできるか）を探るための「スポッター」を配置することもあるとのこと。コヨーテから不法入国費用の借金を踏み倒しそうな人は、コヨーテから臓器売買者に引き渡されることもあるよう。

American Journal of Biomedical Science and Research に寄稿された記事よると、腎臓は5万～12万ドル、肝臓は9・9万ドル～14・5万ドル、目は5000ドル～10万ドルが相場になっていて、2022年に国連は腎臓が一番目、肝臓が二番目に人気になっていて、「世界で最も知られていない密売」と指摘しています。

■不法移民が不法移民を生み出す負の連鎖

不法移民問題を「人道的」という言葉で片づけ、無秩序に不法移民を受け入れ続けることは、さらなる不法移民を生む負の連鎖になっています。

エルサルバドルの大統領ナジブ・ブケレは２０２１年３月に当時のＦＯＸニュース人気アンカーのタッカー・カールソンの独占インタビューを受け、その中で不法移民の負の連鎖を指摘していました。

不法移民が発生している根本原因は大きくふたつあります。一つは、「政府が基本的なものの提供ができていない」ということ。仕事・衣食住・教育・医療などです。

そしてふたつ目が、先進国や聖域都市が「我々の国に来たら衣食住・教育・医療、無料でなんでも与えますよ。仕事もありますよ」と、「救いの手に人々が惹きつけられている」ことです。

不法移民保護を叫ぶ社会正義マンたちは、助ける余力のある人が、困っている人を助けるのは当然として、「あぁ、人助けをしている私、まじかっこいい」と優越感と自己満足に陶酔しています。

しかし、これこそが負の連鎖の原因になっているのです。

不法移民がアメリカに向かうということは、中南米諸国から人口の流出が起きているということです。それはつまり、中南米諸国が自分たちで健全な財政状況を生み出すための労働力を失い続けていることに他なりません。

アメリカが不法移民を受け入れれば受け入れるほど、中南米諸国は弱体化していき、さらなる貧困を招き、新たな不法移民を生み出すことになります。

そして、コヨーテビジネスに代表されるように、不法移民がアメリカを目指すためにコヨーテに支払ったカネは犯罪組織の資金源になっていき、地域の治安悪化の原因にもなってしまっています。

アメリカで仕事を見つけることができた人が祖国に仕送りをすることで生計を立てる家族も増えています。そのような人が増えれば増えるほど、国の経済が移民を送り出すことに依存することになります。

モノやサービスではなく、〝ヒト〟を輸出し続けることは、相手国の状況次第で、いつしか限界がやってきますし、祖国では何ら生産することができていません。このようなヒトの輸出に頼ることで、不法移民を輩出している国が自立する日は遠ざかるばかりなのです。

これは、本当に貧困で困っている人を見捨てろと言っているようなものなので、人でなしかもしれませんが、目の前の人を助けることで、そのさらに奥にいる見えていない人々がさらに苦しむようなことをすることが正しいかどうかを考えなければなりません。
国境をなくしたいグローバリスト勢力にとって不法移民を助けるという慈善活動は、不法移民が不法移民を生み出し続ける無限ループを隠すには、最高の隠れ蓑になっているのです。

④不法移民の被害者たち

■不法移民にかかる経費

不法移民は百害あって一利なしです。これまでは国家安全保障リスクの観点から問題点を指摘してきましたが、経済面についても触れていきつつ、不法移民問題の被害者の実態をまとめていきます。

アメリカの不法移民問題を追及するFederation for American Immigration Reform（ＦＡＩＲ）が出した試算では、２０２３年だけで１５００億ドル以上（＄１＝１５０円計算で22・5兆円）の税金が不法移民に使われているとされています。

この数字は、連邦政府が664億ドル、州・地方政府が1156億ドル、合わせて約1820億ドルの予算を不法移民に使っていると推計しています。そこから不法移民による納税額、連邦レベルで162億ドル、地方レベルで151億ドルを差し引いた数字です。

不法移民による経済貢献はないどころか、完全赤字で、よく「移民は経済に貢献している」という移民推進論の意見を聞きますが、不法移民とごちゃ混ぜにされている今、移民は経済的な足かせにしかなっていません。

1500億ドルは2023年〝だけ〟の数字です。これが毎年毎年毎年毎年、金額の増減はあるにせよ、毎年必要になってくるのです。

この数字には、後述する不法移民による給与水準の低下、失業、住宅価格の上昇などの二次的効果は含まれていませんから、実際はもっと大きな経済的打撃があると言えるでしょう。FAIRは法執行機関による不法移民の取り締まりから、教育や社会保障にかかる経費を算出し、1506億6623万ドルという数字を算出しています。

州ごとの数字を見ると、カリフォルニア州が309億ドルで最も多く、次いでテキサス州の134億ドル、ニューヨーク州の99億ドルと続き、全米19州が10億ドル以上を不法移民のために使っています。

移民の財政負担はアメリカだけの話ではありません。

イギリスの国家統計局のデータによると、１６８万人の移民が失業していて、社会保障費は85億ポンドに上るとされています。

ドイツは社会保障の６割が移民に使われていることが分かっています。

ドイツメディア『ＮＩＵＳ』によると、社会保障対象者の62・６％が移民、15歳〜25歳の年齢では71・３％が移民です。２０２３年だけで、移民支援に３６０億ユーロが使われているのです。

移民の大量受け入れによって、国民は被害者になっているのです。アメリカにいるべきではない不法移民が手厚く保護されている一方、ホームレス生活を余儀なくされているアメリカ人が過去最高を更新しています（２０２４年９月21日に『ウォールストリートジャーナル』）。

■膨れ上がる医療費

高額医療、高額保険大国のアメリカに来る不法移民は、メディケイドという連邦・州政府の無料の保険に頼る人が多い。

本来であればメディケイドはアメリカ国民と永住権保有者のための制度ですが、緊急メディケイドという特例措置により、不法移民も医療補助を受けることが可能になっています。

『エポックタイムズ』の報道によると、不法移民に使われる医療費補助が、バイデン政権になってから爆増しています。

２０２０年度には30億ドル程度（それでも十分多いですが…）だったのが、２０２１年度は70億ドルを超え、２０２２年度も50億ドル以上が使われていました。

たとえば、聖域都市のコロラド州デンバーでは、２０２３年に８０００人の不法移民が約2万回、市の医療機関を利用しています。市の医療費補助予算１・４億ドルのうち、１０００万ドルが不法移民のために使われていました。納税している一般市民が医療機関を利用できる機会が減り、無駄に税金が使われています。

デンバーの場合は完全に民主党都市のため、「ざまあみろ（笑）」としか思えませんが、共和党に投票している人からするとたまったものではないですよね。

南部国境州アリゾナの国境都市ユマでは、1年間で2600万ドルの医療費が、不法移民によって踏み倒されています。

■移民が経済を活性化させる嘘

日本政府は少子高齢社会対策として、積極的な移民受け入れをすすめています。移民推進論者は「移民は経済成長に不可欠」と主張しますが、移民受け入れを積極的に進めたヨーロッパからは真逆の報告がされています。不法移民だけでなく、合法移民の問題についても触れておきます。
イギリスのCenter for Policy Studiesの報告書は、「不法移民以上に合法移民が問題」と指摘しています。2022年に不法移民4・6万人に対し、約26倍の120万人の合法移民を受け入れました。「人口増加は経済発展の原動力」と言われますが、実際は移民を受け入れるほど、イギリスのＧＤＰは下がっているのです。原因は中東やアフリカのような、ＥＵ域外かつＯＥＣＤ（経済協力開発機構）非加盟国出身者です。公営住宅利用者が圧倒的に多く、就業率も低く、政府補助に頼ってばかりで生産性がないのです。

２０２１年にデンマーク財務省の報告でも同様のことが指摘されています。２０１８年の移民にかかったコストは42億ユーロで、医療・教育・保育・文化と、その他の社会保障の費用を合わせた数字です。

ＭＥＮＡＰＴ（中東、北アフリカ、パキスタン、トルコ）出身者は非西側諸国の半分を占めるが、社会保障費用の76％を占めていました。西側諸国出身移民のコストは５７３ユーロに対し、非西側諸国出身移民のコストは１万１２５０ユーロと約20倍も負担になっているのです。

オランダのアムステルダム大学は１９９５年～２０１９年の25年間の移民にかかったコストを分析した報告書を公開し、「移民による急激な人口増加は、住宅・学校・医療・インフラに圧力を与えている」と結論づけています。

25年間で移民に４０００億ユーロを支出し、年間平均１７０億ユーロで、最高が

２０１６年の３２０億ユーロで、オランダ国民向けの教育予算とほぼ同額が移民に使われていました。

デンマークの報告と同じく、「非西側諸国の移民は、経済的な貢献をすることはなく、政府援助（税金）を多く受け取っている」と指摘されています。

■消える子供不法移民

ＩＣＥ（移民関税執行局）のデータによると、子供だけで不法入国したケースはバイデン政権で激増しています。

トランプ政権の２０１９年度６万７９８７人、２０２０年度1万５１２８人だったのに対し、バイデン政権発足後の２０２１年度は12万８５９人、２０２２年度12万７０５７人、２０２３年度11万７７８９人と、桁が一つ違います。

子供不法移民は成人と違う取り扱いがされていて、国境問題を管轄する国土安全保障省ではなく、保健福祉省の管轄です。最終的には慈善団体や子供不法移民の引き取りを希望する里親に引き渡されます。基本的に2週間以内に、別の施設に移送するか、里親を見つける必要があります。

２０２４年8月19日に公開された国土安全保障省監査長官の報告によると、ＩＣＥや保健福祉省は、子供不法移民の居場所を把握することがほとんどできていないことが明らかにされました。

２０１９年度〜２０２３年度にかけ、45万人近い子供不法移民がアメリカで保護されていますが、２０２４年5月の監査時点で、ＩＣＥは29・１万人の子供に移民裁判の日程通知をしていないことが判明しました。

２０１９年度〜２０２３年度で、３・2万人の子供不法移民が移民裁判を欠席し、安否不明な状態になっていました。

監査長官報告書では、移民裁判に姿を見せなかった子供不法移民と、移民裁判の日程通知をせずに所在がつかめていない子供不法移民は、「人身売買、搾取、強制労働のリスクが高いと考えられる」と指摘しています。

約30万人の子供の安否が分からないわけですが、トランプ政権のことだったら大炎上間違いなし。ところが、民主党のやらかしていることですから、主要メディアとしては報じる旨味はないため、ほとんど報道されていません。

■里親の身辺調査

アメリカに流入する不法移民の身辺調査がザルチェックになっているだけでなく、子供不法移民を引き取る里親申請者の身辺調査も杜撰であることが分かっています。

２０２４年2月15日に公開された保健福祉省監査長官の報告書によると、住所確認を含めた基本的な身辺調査や犯罪歴の調査がきちんとされておらず、監査対象の３分の１の必要書類に不備があったのです。

この不備というのは、身分証明証の提出がなかったり、提出されているものに偽造防止のための透かしがなかったり、不鮮明で明らかに偽造された疑いがある身分証明証が提出されていたのです。

7月８日には連邦上院議会の公聴会で、内部告発者としてデボラ・ホワイトが子供不法移民の扱いの実態を明かしています。

ホワイトはスペイン語のネイティブスピーカーということもあり、子供不法移民対応を任された連邦政府職員。

ホワイトが里親申請者のバックグラウンドチェックをしたところ、人身売買の一味に引き取られている可能性や、成人したばかりの不法移民が里親申請をしていたことに気づき、上司に報告したところ、バックグラウンドチェックのためのデータアクセス権が剝奪されてしまいます。

後に監査長官室に通報した効果で、アクセス権は復帰しましたが、子供不法移民が犯罪者の元に送り込まれている懸念があることを、政府は隠そうとしていることを知りました。

子供不法移民が悪意のある人物の元に送られている懸念は、さらに前から警告されていたことでした。監査長官室の完全性・効率性評議会の職員で、2021年6月から子供不法移民の対応のためのボランティアをしていたタラ・ロダスは、2022年11月29日に覆面取材を得意とするプロジェクト・ヴェリタスに内部告発者として登場していました。

ロダスによると、ほぼ同じ場所に300人以上の子供不法移民が送り込まれていて、一人の里親希望者が、同じエリアの別住所を使うことで、複数の子供不法移民を引き取っていました。里親希望者はアメリカ市民ではなく、アメリカ永住権者でもない、つまり不法移民が不法移民を引き取っていることも、内部では把握しているとのこと。プロジェクト・ヴェリタスが16歳のグアテマラ出身の子供不法移民少女に現地取材をしたところ、「借金を返すため、〝おば〟と名乗る人物に売春させられている」と主張しています。

悪意のある里親により、移民裁判に出廷させてもらえないケースもあるとロダスは言います。移民裁判は通常5年近くの期間を要するのですが、裁判を欠席すれば強制退去命令が出ます。

この強制退去命令は子供不法移民の場合、里親に渡されます。こうなると、「ＩＣＥに引き渡し、強制退去させられるか、大人しく従うか（売春を継続するか）」と子供不法移民を脅すことが可能になるのです。

ロダスは子供不法移民が悪意ある人物に引き取られていることを上司に抗議しましたが、上司からの返答は「我々が子供を長期間施設に収容すると、人権団体（＝左翼団体）から訴訟を起こされるリスクがある。しかし、人身売買業者に提訴されることはない」と、とにかく保健福祉省の管轄から子供不法移民を手放すことを最優先することを伝えられたと言います。

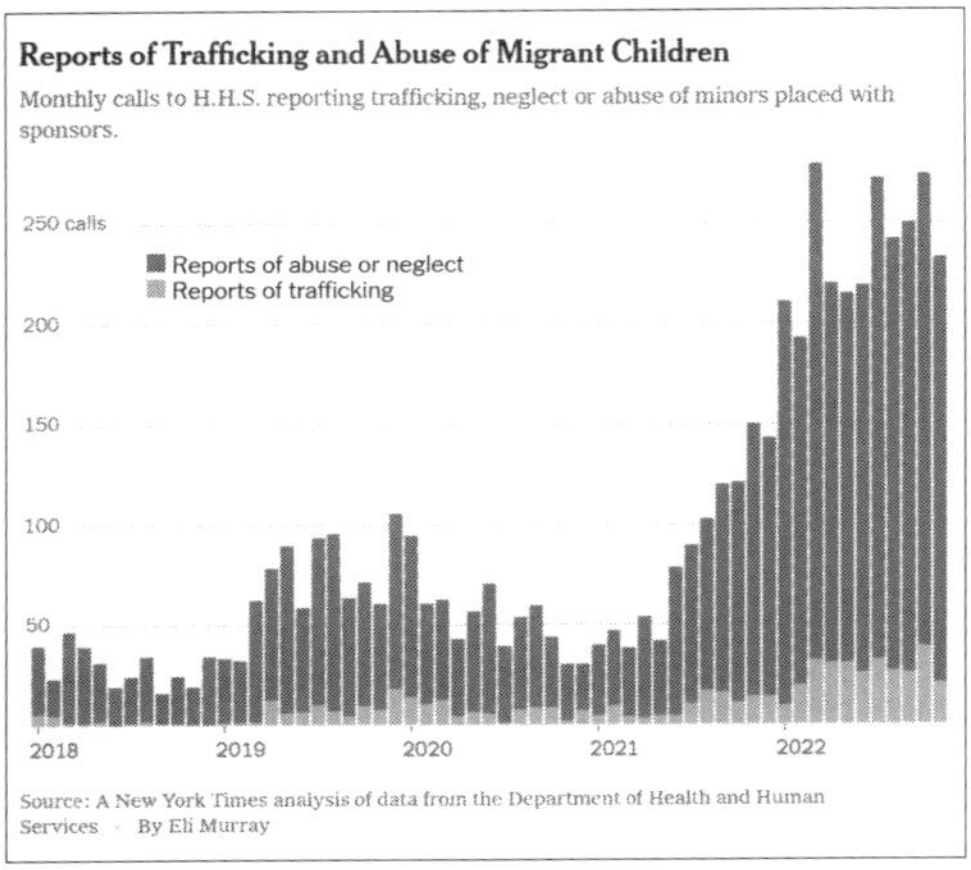

子供不法移民の現代版奴隷労働の実態
出典：https://www.nytimes.com/2023/04/17/us/politics/migrant-child-labor-biden.html

民主党や社会正義マンは「人道的措置」として不法移民を受け入れていると主張しますが、実際は人身売買の温床を守っているのです。

■強制労働の実態

『ニューヨークタイムズ』は、2023年2月25日、4月17日に、子供不法移民の現代版奴隷労働の実態を特集しています。

4月17日の報道では、バイデン政権で約25万人の子供不法移民のうち、約8・5万人が消息不明になっていることを指摘し、強制労働させられている具体的な事例を紹介しています。

子供不法移民の里親になった人は、学校に通わせる義務がありますが、実際は奴隷のようにこき使われているのです。

『ニューヨークタイムズ』は実際に里親申請者の審査を担当していた人たちに取材をしていて、「3人の子供不法移民を引き取った男は、経営する建設会社の労働力として新たに子供不法移民を引き取りたい」と申請したり、労働・金銭目的で引き取ろうとした男を感知し、上司に警告するも、結局それぞれの男の元に子供が引き渡されたと言います。

子供不法移民を長期間収容することによる批判を受けたくない保健福祉省は、とにかく子供不法移民を手元から離したいのです。

フェイスブックのようなSNSで、中南米の親を唆す不法移民ビジネスが存在しています。実例として『ニューヨークタイムズ』が挙げているのが13歳のときにグアテマラから不法入国したネリー・カッツァルのケースです。

不法移民ビジネス業者を使い、13歳のときに不法入国し、目的地のフロリダ州に着きます。

そこで引き取った人物に「4000ドル以上の借金がある」と告げられます。

里親として引き取ったこの男は、住居の提供をせず、それどころか「保健福祉省への書類代行140ドル」「ウォルマートで購入した衣服代240ドル」「夕飯のタコス45ドル」といったように、借金をどんどんと上乗せしていきました。

カッツァルは深夜3時までメキシコレストランで働くようになり、借金返済をしつつ、稼ぎの一部を実家の親に仕送りしていました。

カッツァルのケースが判明した理由は、本人が警察に通報し、里親という名の悪魔が逮捕・有罪判決を受けたためで、これは珍しいケースです。

テキサス州で同様の手口で13人の子供不法移民を引き取っていたケース、ペンシルベニア州で20人の里親になっている人物も確認されています。

大企業の食品や自動車工場がある地域に送られる子供不法移民の93％は、見ず知らずの人に引き取られているということで、借金と強制送還をチラつかされ、奴隷のように強制労働させられている可能性があります。

『ニューヨークタイムズ』は「意図的な無視の連鎖」と指摘し、「企業は年齢確認をしないことで子供の強制労働を無視し、学校は明らかな労働法違反に気づきながら通報せず、保健福祉省は手元を離れたことで見て見ぬふりをしている。保健福祉省は『身辺調査はしているが、労働環境は労働省に言え』とし、労働省は『我々は福祉機関ではないから保健福祉省に言え』とし、ホワイトハウスは『報告は受けているが、警告・緊急性はないと言われている』として、責任の擦り付け合いをしている」と厳しく非難しています。

労働省の２０２３年10月19日発表によると、２０２２年度～２０２３年度の子供に関連する労働法違反が５７９２件と、２０１９年（＝トランプ政権）と比較して88％増加し、過去最悪だったことが分かっています。

不法移民問題は不法移民が加害者だと思われがちですが、実は不法移民側も被害者になっている側面があるのです。

■ＤＮＡ検査の廃止

不法入国後の不法移民は大きく分けて３つのカテゴリに分けられます。

①子供不法移民

②家族の不法移民
③単独の不法移民

最優先で強制退去処分の対象になるのが③単独の不法移民です。

これは不法移民の中でも知られていることのため、不法入国の道中に知り合った人同士で偽家族になり、家族と主張することで、優先的にアメリカ国内に釈放してもらう裏技が存在しています。先述の売春や強制労働目的でアメリカに子供不法移民を連れ込むために偽家族に成りすますケースもあります。

また、未成年者に成りすますことで、子供不法移民として強制退去の対象にならないようにするものもいます。

本物の家族かどうかを確かめるため、簡易DNA検査が行われていました。『ワシントンエグザミナー』が2019年5月18日にICE関係者からの話を基にした記事では、試験的に導入した家族を鑑定するDNA検査で、約30%が偽家族だったことが報じられています。

2023年5月19日に関税国境警備局の内部文書によると、このDNA検査は

２０２３年5月31日に廃止されています。

脱線話ですが、これとは別で、ＦＢＩによる犯罪者データとの照合のためのＤＮＡ検査は継続されていますが、『デイリーコーラー』が２０２３年12月29日に国土安全保障省内部メールを基にした記事で、15カ月の遅延が発生していることを明らかにしています。つまり、犯罪者かどうかのＤＮＡ検査の結果を待たずして、不法移民を釈放しているのです。

話を戻しまして、ＤＮＡ検査は偽家族を判別する効果的な手段であり、先述したような強制労働させられる子供たちを救う手段でもあります。

これを殺到する不法移民対応を迅速にすることを言い訳にして廃止するというのは、バイデン民主党は子供不法移民が悪意のある大人に利用されることを容認していると言ってもいいでしょう。

■移民に呑み込まれる街

バイデン政権により、不法移民、形式上は合法移民ですが、本来だったら不法入国しないとアメリカに滞在できない移民が大量に流入しています。

移民は同じ言語を話す人や同じ祖国出身者で集まる傾向にあり、バイデン政権によって意図的に送り込まれているケースもあります。

聖域都市と呼ばれる不法移民を手厚く保護する都市はニューヨークシティやフィラデルフィア、デンバーのような大都市ばかりですが、バイデン政権の国境開放政策で聖域都市が不法移民で溢れたことで、他の都市に向かう不法移民が増えています。

結果として、小さな街が突如として大量の移民を受け入れることになり、様々な問題を引き起こしています。


日本は労働人口の補填として移民を積極的に受け入れようとしていますが、過剰な移民受け入れが引き起こす問題をアメリカの4都市から見ていきましょう。

①ウィスコンシン州ホワイトウォーター

人口約1万5000人のウィスコンシン州ホワイトウォーターは、ニカラグアとベネズエラからの移民が約1000人集まっています。正確な数は不明ですが、『ワシントンフリービーコン』の報道によると、実際は倍近い数の可能性があります。

ニカラグアとベネズエラはCHNV特別釈放対象国で、バイデン政権によって流入した見かけ上は合法的な移民の典型例です。

人口比にするとかなりの数の移民が集まった結果、街は40万ドルの予算を移民に費やしていると市の関係者が匿名で『ワシントンフリービーコン』に明かしています。

学校に英語を話すことができない移民が入学するため、ESL（English as a Second Language／第二言語としての英語）教師を新規に雇用しなければなりません。

ホワイトウォーターの公立学校の非英語話者生徒数は300人を超えています。授業の進捗が遅れるだけでなく、授業の質も落ちるでしょうし、そもそもアメリカ人の生徒に使うことができていた予算が、外国人に使われることになっています。

保険未加入者の対応に医療機関が苦慮しているような問題も起きています。

また、家庭内暴力（DV）の通報が増えたことによる警察リソースの圧迫だけでなく、ドラッグカルテルの活動、性犯罪、誘拐事件も発生しています。

②ペンシルベニア州チャールロイ

2020年国勢調査によると、ペンシルベニア州チャールロイの人口は約4200人。この街にわずか2年で2000人の移民が集まりました。このうちの700人はハイチ人です。

ホワイトウォーターと同様の問題が学校で発生していて、英語を話せない子供対応のため、通訳や英語指導者を新規雇用する必要があり、2024年度だけで40万ドル、来年度には新たに30万ドルの追加の教育予算が必要になっています。

チャールロイは元から税金が高い町のため、増税は選択肢になく、州や連邦政府に支援を求めています。

CBSニュースのインタビューに応じた地元住民は、「ダウンタウンには近づきたくない」と話し、シャッター街だった中心部に集まる移民によって新たなビジネスが始められた経済効果とは裏腹に、安全に歩くことができないことに不満を漏らす住民もいます。

③オハイオ州スプリングフィールド

大統領候補者討論会でトランプ大統領の発言によって一躍世界から注目されるよう

になった街が、オハイオ州のスプリングフィールド。かつては重工業で栄えていましたが、アメリカの重工業衰退と共にさびれてしまった典型的な「ラストベルト（錆びついた地帯）」の街です。人口約6万人の街は、1.5万人〜2万人のハイチ人が集結しています。

「移民がペットを食べている」というトランプ大統領の発言は、世界中の反トランプメディアが渇望・切望・熱望していた「トランプは狂ったヤツ」という報道をするのに最高の材料になりました。

まず指摘しておきたいのが、トランプ大統領が指摘したことは、『フェデラリスト』が入手した警察の通報報告書に実際にあったことで、2024年3月の時点で市議会に問題提起されていたことです。また、『デイリーメール』が現地で鳥の保護活動をしている人物の取材を基にした記事を2024年9月12日に出していて、「鳥の数が激減している懸念が以前からあった」と語っています。

「移民がペットを食べているか」ばかりが注目され、肝心のスプリングフィールドが抱える大きな問題に注目は集まっていません。無秩序な移民受け入れの結果、大きくわけて4つの問題が起きています。

問題1：医療逼迫

ハイチ出身者の診察は2021年115件から2023年1500件にまで増えています。ハイチ人の多くが英語を話せないため言語の壁があり、通常であれば15分で済む診察が45分ほどに長引いています。本来であれば3人の患者の診察ができるはずが、1人しか診ることができないのです。

ハイチの公用語クレオール語通訳を病院は確保する必要があり、2020年は4・3万ドルだった通訳費用が、現在は43・6万ドルと10倍にまで膨れ上がっています。

問題2：アメリカ人の子供の教育機会の喪失

2024年度だけで新たに350人の外国人の子供が公立学校に入学し、その多くがハイチ人です。英語を話せない子供ばかりのため、24人の通訳を新規雇用しなければならず、教育予算を圧迫しています。授業の質も落とさなければなりませんので、アメリカ人の子供たちの教育予算が吸い取られているだけでなく、教育の質も吸い取られています。

問題３：住宅不足

当たり前ですが、移民は家を持ち込むことはできません。住宅問題は合法・不法を問わず、移民を大量に受け入れたときに必ず起きる問題です。私の住むカナダでも大きな社会問題になっていて、執筆時になってようやく合法的な移民の制限をするようになり、住宅不足が少しでも解消され、ありえない金額にまでなってきている家賃高騰が収まることを期待しています。

話を戻しまして、スプリングフィールドでも住宅不足問題が深刻で、市の責任者が連邦上院議員に宛てたレターでは「約２０００戸を新規建設したが、まったく足りない」と窮状を明かしています。

問題４：犯罪件数の増加

ハイチ人が急増したタイミングで、犯罪件数が急増しています。主に交通犯罪が多く、２０２３年８月22日には、スクールバスに無免許運転のハイチ人不法移民が衝突、横転したバスから放り出された11歳の少年が亡くなる事故が起きています。オハイオ州政府が応援の交通警察を派遣するほど問題になっています。

合法・非合法問わず、文化の違う移民を大量に受け入れることは、様々な問題を引き起こします。このような実際に起きている事実を指摘すると、左翼が「差別だ！」と騒ぎ、「多様性は重要だ」と反論しにくい言葉で問題から目を逸らさせようとします。

アメリカをはじめとする国々で起きている問題を知ることで、日本に同じことが起きることを防ぐことができるはずです。

■不法移民合法化法案の背景にあるもの

大統領候補者討論会で、バイデン、ハリス、ウォルズの民主党候補者が口を揃えて、「トランプが〝国境警備強化法案〟を潰した」と主張していました。

この件はツッコミどころ満載なのですが、最初に指摘しておきたいのが、これこそ『社会主義者46の目標』の46番目「危機を利用して法制定」の典型例ということです。

バイデン民主党により国境が崩壊し、意図的な危機がつくりあげられました。自分たちでつくり出した問題を解決するため、新たな法案を通そうとしたのです。

２０２３年12月ころに共和党・民主党の連邦上院議員が超党派で協議をしていることが報じられ、２０２４年2月4日に内容が明かされましたが、共和党側の強い反発により廃案になりました。

トランプ大統領はこの法案に反対していましたから、それを根拠に民主党は「トランプが選挙のために不法移民問題を長引かせようとしている」という批判材料に使っているのです。

まずはこの件からツッコむと、３年間国境を開放して問題を引き起こして「大問題だ！」と騒ぐのは意味不明で、「だったら２０２１年に連邦上下両院を民主党が過半数を占めている時点で法案を通せよ」という話です。選挙のために不法移民問題を利用しているのは民主党のほうなのです。

そもそも国境問題解決に新法はいりません。

根拠はトランプ大統領が既存の法の範囲内で対応できていたからです。

実際、バイデンはその後大統領令を出し、ある一定の不法入国逮捕者数の減少に成功しています（それでもトランプ政権時よりも不法入国逮捕者数はかなり多いですが）。

そもそも共和党が主導した本当の意味の国境警備強化法案は２０２３年に共和党が

多数席を占めた下院議会が発足最初に可決させ、民主党が多数席を占める連邦上院議会に届けられています。国境警備強化法案を潰しているのは民主党なのです。

また、彼らの言う「国境警備強化法案」の中身を見れば、正しい通称名は「不法入国合法化法案」です。

「ある一定の条件」を満たした場合、不法入国者をほぼ完全に拒否（難民申請拒否）するという内容が盛り込まれていました。

「ある一定の条件」とは、7日連続で不法入国逮捕平均が4000人を超えたときで、国土安全保障省長官は難民申請を拒否できるようになります。

7日連続で不法入国逮捕平均が5000人を超えたとき、または、1日に不法入国逮捕者数が8500人を超えたときは、国土安全保障省長官は難民申請の拒否を求められると規定されていました。

この基準は言葉を変えると、一日平均4000人までは不法入国は容認し、365日で年間146万人の不法入国を合法化するということです。

アホすぎて話にならないのが分かると思います。

他にも不法移民に無料の弁護士をつけたり、審査を簡略・迅速化し、即日労働ビザを出せるようにしたり、難民申請を裁判ではなく移民局が事務的に迅速に処理するようにしたりと、不法移民をさらに呼び込むような内容が盛りだくさんです。

トランプ大統領がどうのこうのではなく、反対して当たり前なのです。

この法案は共和党上院リーダーのミッチ・マコーネルの指示の下、ジェームズ・ランクフォード連邦上院議員が交渉しました。

「なんで不法移民に反対しているはずの共和党が、こんな法案を通そうとしたのか？」と疑問の方もいるかもしれません。

理由は共和党内にいる、たとえロシアに勝ち目がなくとも、ウクライナの若者を根絶やしにしてでも、ロシアの国力を削りつつ、カネ儲けしたいネオコン勢力（戦争屋）が、不法入国を合法化してでもウクライナ軍事支援を継続するためです。

この法案は「１１８０億ドルの史上最大規模の国境警備強化法案」と呼んでいましたが、海外支援も盛り込まれていました。

法案の最初に来ているのが「ウクライナ支援６００億ドル」。国境警備強化はおまけだったのです。ちなみに国境警備予算は２００億円で、「国境警備強化法案」と言っておきながら、３倍の予算をウクライナに送ろうとしていたのです。

グローバリストや権力者は常に「危機的状況」を求めています。9・11同時多発テロ事件では、「テロ対策」を口実に、アメリカ国民に対する監視を強化する法案を成立させました。第四章で紹介する検閲・情報統制の中心的役割を果たす国土安全保障省を新設したのも、9・11がきっかけでした。

メディアや政治家が「大変だ!」と大騒ぎしているときは、一緒になって「大変だ!!」と騒ぐのではなく、一呼吸おき、俯瞰で起きていることを見定めなければなりません。

グローバリストに好き放題させないためには、私たち一般人がグローバリストの危機的状況を利用する特性を理解し、常に警戒し続けることが大切ではないでしょうか。

第四章　検閲産業複合体

①ツイッター・ファイル

■世界秩序を破壊した検閲

バイデン政権発足は世界秩序崩壊の序章でした。この4年間で世界のパワーバランスは大きく変わり、第二次トランプ政権の4年間、その後トランプの意志を継ぐMAGA（Make America Great Again）大統領が続いたとしても、いずれは民主党政権が再誕したときに、世界秩序が崩れることは変わらないと思います。それだけバイデン民主党が世界に与えたダメージは計り知れないものなのです。

2020年大統領選挙に明らかな問題があったことは『日本人が知らない「陰謀論」の裏側』（徳間書店）で詳述しましたが、アメリカ大統領選挙期間中の検閲が大きな影響を与えたことは間違いありません。

「2万1500票で世界秩序の崩壊は決まった」と、私の動画で耳にタコができるほど聞いていると思いますし、拙著で何度も言及しているので、目にタコができている人もいるかもしれません。

■イーロン・マスクが救った言論の自由

情報統制をしたいグローバリストに真っ向から戦いを挑んでいるのがイーロン・マスクです。

２０２２年1月にツイッター社（現X）の買収を開始、紆余曲折を経て、10月27日に正式に買収を完了させました。

約４４０億ドル（5・6兆円）という、我々からすると途方もない金額を使った買収でしたが、世界一の資産家だからこそできたことでしょう。

マスクによるツイッター買収はグローバリストや左翼を発狂させるものでした。「誤情報やヘイトが蔓延している」という、〝誤情報〟を〝センモンカ〟を名乗る活動家が拡散し、グローバリストがモデルにしているEUでは検閲をするよう要請し、左翼政権が支配するブラジルではX社の利用を禁止する事態にまでなっています。

私はマスクの中国との関係から、１００%信用をすることができないでいますが、言論の自由に関しては間違いなく救世主だったと思っています。

買収が完了した後、マスクは特定のジャーナリストに内部文書を提供、「ツイッター・ファイル」（Twitter Files）と名付けられた、検閲の実態を明らかにする報道を可能にしたことで、知られていなかった検閲の内幕が明らかにされました。

■ツイッター・ファイル（Twitter Files）

著名なジャーナリストのマット・タイビ、マイケル・シェレンバーガー、バリ・ワイスらは、マスクの許可を得て、内部文書にアクセスすることが可能になりました。

２０２２年12月２日に最初のツイッター・ファイル報道があって以来、執筆段階で30以上の報道がされています。

ツイッター・ファイルの内容を細かく扱うと、それだけで1冊書けてしまう量のため、特に重要なものをピックアップして紹介していきます。

内部文書で明らかにされたのは、民主党やバイデン政権の圧力を受け続け、屈してからはエスカレートする要求に従わなければならなくなっていく様子でした。

旧ツイッターは民主党を利する情報統制に加担したことは間違いありませんが、実は最初は検閲要求に抵抗していました。

■検閲・情報統制問題で必要な予備知識

本章を読み進めるにあたり、必要な予備知識をまずはまとめます。

①通信品位法230条

アメリカのインターネット・SNS企業による検閲を語る上で欠かせないことが2つあります。

ひとつ目が「通信品位法230条」、英語では「セクション230」と呼ばれている連邦法です。名誉棄損のような投稿がプラットフォーム上にされても、プラットフォーム会社は民事責任を免除されるという、訴訟大国アメリカには欠かせない法律です。言い換えるとこの連邦法が撤廃、または改正されるというのはインターネット・SNS企業にとって死活問題。

連邦議会に逆らうことができないのです。実際、民主党議員が、ヤクザかチンピラのような圧力がけをビッグテック企業にしていましたが、その圧力材料に使われています。

②修正憲法第1条「言論の自由」

もう一つ重要なのが、アメリカ合衆国憲法修正第1条です。

「連邦議会は、国教を樹立し、若しくは信教上の自由な行為を禁止する法律を制定してはならない。また、言論若しくは出版の自由、または人民が平穏に集会し、また苦痛の救済を求めるため政府に請願する権利を侵す法律を制定してはならない」

「言論の自由」を保障する重要な憲法ですが、理解しておかなければならないのが、言論の自由を保障しなければならないのは、「政府」であり、企業ではないということ。

つまり、SNS企業が不適切と判断した投稿を独自のルールに沿って削除することは、言論の自由の侵害ではないのです。しかし、ここに政府が関与すると話は変わります。

２００１年連邦最高裁判決で、「政府機関から公然・内密関係なく、奨励された行動を私企業から望んでした場合、政府機関の一部とみなす」とされています。

投稿の削除や制限を実行するのがインターネットやＳＮＳ企業であったとしても、政府による影響に基づく行為の場合は、政府機関の一部とみなされるため、違憲行為になるのです。

③ロシア疑惑

２０１６年大統領選挙でトランプ大統領が勝利しましたが、選挙前から「トランプがロシアと結託して、選挙を盗もうとしている」と民主党やメディアは大騒ぎをしていました。

結論から言えば、これは大嘘です。大嘘をでっち上げたのは、民主党ヒラリー・クリントンですが、オバマ政権やＦＢＩも関与していました。

ロシア疑惑は本１冊分の内容になってしまうほど複雑で、多くの問題が絡み合っていますので、詳細は割愛します。

トランプ大統領がロシアと結託しているとする報告書をまとめたのは、イギリスの諜報機関MI6の元エージェントのクリストファー・スティールらです。Fusion GPSという調査会社を立ち上げていて、通称「スティール文書」と呼ばれる大嘘の報告書を作成しました。

この報告書作成のための資金は民主党の御用達弁護士事務所Perkins Coieが約100万ドルで作成依頼をしました。

この100万ドルの資金はヒラリー・クリントンの選挙キャンペーンと、民主党全国委員会からのものです。この資金ルートはFEC（連邦選挙委員会）が認定し、ヒラリーキャンペーンと民主党全国委員会に罰金命令を出しています。

脱線話になりますが、民主党はこのスティール文書作成依頼の資金を「対立候補調査」ではなく、「弁護士費用」としてFECに虚偽の報告をしていました。これはトランプ大統領が34件の重犯罪で有罪評決を受けた刑事事件と〝まったく同じ〟ことです。さらに、ヒラリーキャンペーンの本部はニューヨークであり、トランプ大統領が起訴されるのであれば、ヒラリーも起訴されなければならないのです。

話を戻しまして、このロシア疑惑は民主党が検閲の重要性を強調するのに使い続けていることです。「ロシアの情報工作に対抗するため」を口実に、ＳＮＳ企業は民主党からとてつもない検閲要求・圧力を受け続けているのですが、それは後述します。

④2万1500票で決まった2020年大統領選挙

書籍執筆時に毎度のごとく私が主張するのが「2万1500票で2020年大統領選挙の結果は決まった」です。見飽きた、聞き飽きた人もいるでしょう（笑）。

それだけ重要なことで、実際に世界秩序の崩壊の原因になっていますし、検閲・情報統制の結果の中でも最悪の例であり、検閲・情報統制の危険性を知る好例ですから、ここで再度まとめます。

2020年大統領選挙でバイデンは8100万票という、米国史上歴代最高得票で勝利したことになっていて、トランプ大統領は約7400万票を獲得。トランプ・バイデンの票差が約700万票もの大差だったわけですが、「選挙人制度」を導入しているアメリカの大統領選挙において、総得票数はどうでもいい数字です。

選挙人制度とは、全米の総得票数を争うのではなく、50州あるアメリカ各州とワシントンDCに配分された538票の「選挙人票」を争う仕組みです。

選挙人票は各州の連邦上院議員と連邦下院議員を足し合わせた数字。連邦上院議員は憲法規定で各州2議席、連邦下院議員は各州の人口に比例して配分されます。ワイオミング州やアラスカ州のような人口の少ない州の下院配分は最小の1議席、最大はカリフォルニア州の52議席です。

ワシントンDCは州ではないため、連邦上院・下院議員はいませんが、3票の選挙人票が配分されています。メイン州とネブラスカ州を除き、州の勝者が選挙人票を総取りするのが基本で、538票の過半数270票をいかに確保するかの戦略が求められます。

2020年選挙の選挙人票結果は、トランプ232票、バイデン306票。ところが、「スイングステート」と呼ばれる、選挙結果を左右する激戦州のうち、アリゾナ州、ウィスコンシン州、ジョージア州の3州でトランプ勝利だった場合、結果はトランプ269票、バイデン269票。同数の場合、各州1票で連邦下院議員が大統領を選出することになり、共和党は26州で過半数を確保しているため、トランプ勝利になっていたのです。

この勝敗を決めた3州の票差は、アリゾナ州1万457票、ウィスコンシン州2万682票、ジョージア州1万1779票差。このうちの半分、つまり約2万1500票がバイデン票からトランプ票に変わっただけで、選挙結果は真逆だった。

全体の0・0143％の票により決まったわけで、トランプ共和党支持者が「盗まれた！」と大騒ぎしたのは、当たり前のこと。「多少の不正はあったかもしれないが、結果を左右するようなものではなかった」と、分かっている風の意見が散見されましたが、たったの2万1500票で勝敗が決まっていたこと、さらに「陰謀論」という言葉で隠されていた2020年に起きていたことを知れば知るほど、この発言がトンチンカンな発言であることが分かると思います。

この「たった2万1500票で勝敗が決まっていた」という〝事実〟を知れば、2020年大統領選挙前に起きた重要な報道を一斉に検閲・情報統制したことがいかに大きなことか理解できると思います。

⑤「地獄からのラップトップ」検閲

検閲・情報統制が大成功した例が、バイデンの次男ハンター・バイデンの「地獄からのラップトップ」検閲です。

ハンターはデラウェア州のパソコン修理店に水没したパソコンのデータ復旧を依頼。ハンターは修理店からの再三の連絡があったにもかかわらずパソコンを引き取りに行くこともなく、修理店の規約通りにパソコンはジャンク品として修理店の所有物になりました。

店主のジョン・ポール・マックアイザックは、データ復旧作業中に目にしていたパソコンデータの一部から、犯罪の証拠があると確信、ＦＢＩにパソコンを引き渡すことになりました。

しかし、何ら音沙汰がないことから、複製していたパソコンデータをトランプ大統領の当時の顧問弁護士ルディ・ジュリアーニに提供、ジュリアーニによって『ニューヨークポスト』に提供され、２０２０年10月14日からの連日の報道につながりました。

民主党大統領候補だったバイデン本人が直接関与していた報道まで出たため、「オクトーバーサプライズ」として大統領選挙に大きな影響を与えると思われました。

ところが、後にバイデン政権の国務長官に任命されるアントニー・ブリンケン、元ＣＩＡ長官代行マイケル・モレルらにより作成された、51人の元諜報機関高官と９人の匿名の諜報機関関係者らによる共同声明により、「ロシアの影響力工作」として片づけられてしまいました。詳細は拙著『日本人が知らない「陰謀論」の裏側』の第1章を参照ください。

主要メディアはバイデン民主党を全力で応援していましたから、都合の悪いハンターパソコンを「ロシアの工作」として報道する価値のないものにできることを望んでいました。後にすべてのメディアが「ハンターパソコンは本物だった」と認めることになり、ハンターの銃の違法購入・違法所持、脱税の起訴・有罪判決につながる証拠として採用されています。

2020年大統領選挙直前にハンターパソコンの報道が適切にされていれば、2150０票を動かすことなど容易だったことは間違いありません。実際に非営利団体Media Research Centerが選挙直後に実施した激戦州を対象にした世論調査で、「ハンターパソコン報道を知らなかった」と回答したのが45・1%、「報道を知っていたら、バイデンに投票しなかった」と回答したのが9・4%もいました。2万1500票どころか、数十万単位で票が動いていた可能性のある重要報道だったのです。

⑥検閲裁判

ツイッター・ファイルと並んで、検閲・情報統制の実態を明らかにしたのがルイジアナ州、ミズーリ州司法長官が主導した裁判です。

2022年5月にルイジアナ州連邦地方裁判所で提訴された裁判で、バイデン政権の高官やアンソニー・ファウチのようなコロナ禍で注目された人物を裁判所に召喚し証言させたり、内部資料の開示をさせることに成功しました。

裁判では、選挙直前のハンターパソコンの検閲問題、コロナウイルス起源（研究所流出説の検閲）、マスク・ロックダウン効果を疑う投稿の検閲、選挙の公平性・郵送投票の安全性を疑う投稿の検閲などを、政府とビッグテックがどのように協力して秘密裏に進めていたのかを明らかにするものでした。ここからは「検閲裁判」と呼びます。

⑦政府武器化委員会

2022年中間選挙で下院議会を共和党が過半数おさえることに成功したことで、下院司法委員会に「政府武器化委員会」が設置されました。2020年大統領選挙とコロナ禍でビッグテックによる検閲が問題視され、バイデン政権発足直後からは司法省と傘下の捜査機関ＦＢＩを中心にした「司法の武器化」が問題視されていて、実態を追及するために発足した特別委員会です。

ジム・ジョーダン司法委員会委員長の下、検閲裁判と同様に、政府機関やビッグテック、民間団体から強制的に内部資料を提出させ、参考人を召喚することで、大規模な検閲・情報統制の実態を明らかにしました。

■ＦＢＩの暗躍

ツイッター・ファイルや検閲裁判、政府武器化委員会の調査により、ハンターパソコンの検閲にはＦＢＩが大きな役割を果たしていたことが分かっています。

ツイッターはハンターパソコンの報道を「プライバシーポリシー違反」と「ハッキングポリシー違反」として『ニューヨークポスト』のアカウント凍結やハンターパソコン報道を拡散する投稿を制限し、フェイスブックは拡散する機能を著しく制限しました。

ハンターパソコンの検閲が選挙結果を左右したことは先述しましたが、ビッグテックは事前にＦＢＩからハンターパソコンの報道が出ることを知っていたかのような、ロシアの工作活動の警告を受けていました。

ビッグテック企業はＦＢＩや国土安全保障省傘下のＣＩＳＡ（サイバーセキュリティ・インフラストラクチャー安全保障庁）と定期的に会議をしていたのですが、ＦＢＩによるビッグテックへの直前警告は、①「10月のどこかのタイミング（10月14日に報道開始）」、②「政治キャンペーンの誰かが入手する情報（ジュリアーニ＝トランプ陣営）」、③「ハンター・バイデンと関係するものという噂（ハンターのパソコン）」と模範解答を知っていたかのような警告をしていたのです。

ＦＢＩとハンターパソコンのタイムラインを整理すると、ＦＢＩが意図的にハンターパソコン報道を潰そうとしていたことが分かります。

2019年4月12日：パソコン修理店にパソコンが持ち込まれる

11月6日：FBIはパソコンのシリアルナンバーとハンターのマックID、iCloudアカウントが合致することを確認（＝本物と確認）

12月9日：FBIが正式にハンターパソコンを押収

2020年6月：ジェームズ・ベーカー元FBI首席顧問弁護士がツイッターに加入
8月29日：ジュリアーニの側近ボブ・コステロがハンターパソコンのコピーを受け取る
9月15日：FBI海外影響力対策タスクフォース責任者らが、ベーカーに緊急の機密会議を要請（内容不明）
9月30日：『ニューヨークポスト』の記者が、ハンターパソコンのデータを受け取る
10月7日：FBIがミーティングで、ツイッターやフェイスブックなどのSNS企業に、「ハッキング・流出の懸念」があることを伝える
10月14日：『ニューヨークポスト』のハンターパソコン報道
ベーカーがFBI首席顧問弁護士オフィス職員と電話会議

ＦＢＩは２０１９年11月時点で、ハンターパソコンは本物であることを確認し、12月には実物を手にしていたのです。それだけでなく、政府武器化委員会がＦＢＩの重

要人物から決定的な証言を引き出しています。

２０２３年7月17日、海外影響力対策タスクフォース責任者のローラ・デムローを委員会に召喚し、宣誓供述させました。

『ニューヨークポスト』のハンターパソコン報道があった２０２０年10月14日は、FBIとツイッターの二者ミーティングがちょうど予定されていました。デムローの証言によると、ツイッター側の参加者から「ハンターパソコンは本物か？」という問いがあり、FBI側のひとりが「本物だ」と回答したというのです。

この直後、別のFBI捜査官が割って入り、「これ以上は〝ノーコメント〟だ」として、話を切り上げたと証言しました。

ツイッターとのミーティング終了後、FBI内部で今後の問い合わせ対応が協議され、ノーコメントを貫くことが決められました。

その後のフェイスブックとのミーティングでは「ノーコメント」という回答をしています。

ハンターパソコンは本物であると分かった上で「ノーコメント」とし、民主党と主要メディアが「ロシアの工作」と大騒ぎしているのを意図的に見過ごしていたのは間違いありません。元FBI首席顧問弁護士のベーカーの動きから、ハンターパソコン対策をしていたのは明らかでしょう。

選挙結果を左右する重要情報をFBIが操作していたのです。

このFBIとビッグテックの共謀を明らかにしたのが、ツイッター・ファイルであり、検閲裁判であり、それが政府武器化委員会の議会権限を使った徹底調査につながったのでした。

■FBIとツイッターの協力関係

ツイッター・ファイルの公開により、FBIとツイッターが2020年大統領選挙に向けて緊密に連携していたことが明らかにされました。

普通に考えて、ツイッターだけが特別なわけありませんから、メタ（フェイスブックとインスタグラムの親会社）やグーグル（ユーチューブの親会社）のような他のプラットフォーム会社も協力していたと考えるべきです。

FBIとツイッターの深いつながりはジェームズ・ベーカー元FBI首席顧問弁護

士のツイッター加入だけではありません。

まず、２０１９年～２０２１年、ＦＢＩはツイッターに約３４０万ドルの協力の謝礼を支払っています。

ＦＢＩがツイッターのようなＳＮＳ企業との協力をする中心をカリフォルニア州サンフランシスコ支部に置いていて、サンフランシスコ支部の主任特別捜査官エルヴィス・チャンはツイッター・ファイルや検閲裁判で度々名前が出てくる人物です。

チャンにより、２０２０年大統領選挙前に30日間限定で、ツイッター社員にセキュリティクリアランスを付与していたことが分かっていて、アメリカの安全保障の一部にツイッターが組み込まれていました。

ＦＢＩはツイッターとの連絡手段にメッセージアプリのSignal（シグナル）を使用していて、サンフランシスコ支部との連絡用グループだけでなく、ＦＢＩ本部との連絡用グループも用意されていました。

■ＳＮＳ企業と諜報機関職員

ツイッター・ファイルで明かされた中に、ツイッターが社内連絡に使用していたSlack（スラック）というメッセージアプリで、「Bu alumni」（同窓生）というグループがあることが分かっています。

これはFBI出身者専用のグループで、FBIで使用していた業界用語をツイッター用に変換したリストの存在も分かっています。

SNS企業にはFBI以外に、アメリカの諜報機関職員だった人が大量に雇用されています。その全容は不明ですが、分かっている範囲のものを紹介します。

2022年6月21日、『ミントプレスニュース』が、ツイッターが大量のFBIエージェントを雇用していることを報じました。

先述のジェームズ・ベーカー元FBI首席顧問弁護士が一番の大物ですが、その他にも大量のFBIだけでなく、アメリカ諜報機関職員や政府職員が大量に雇用されています。

たとえば、ジェフ・カールトンは元海兵隊諜報部門、FBI捜査官、CIA諜報分析担当という経歴をもち、オバマに報告書を提出していた人物でもあります。

2019年にドーン・バートン元FBI長官補佐官は戦略・リーガル・パブリック

ポリシー・信用・安全部門に加入し、２０２０年にカレン・ウォルシュ元陸軍、元ＦＢＩ特別捜査官がコーポレートレジリエンス部門に加入、ダグラス・ターナー元ＦＢＩ特別捜査官・ＦＢＩのＳＷＡＴチーム指揮官、シークレットサービスエージェントがツイッターに加入するなど、記事では他にも13人のＦＢＩ特別捜査官や諜報分析官、監督官の実名、２人のＣＩＡ分析官、３人のAtlantic Council（大西洋評議会）関係者の存在を報じています。

ＳＮＳプラットフォーム『リンクトイン』のような公開情報によって分かる範囲だけでも、メタやグーグルはツイッターを遥かに上回る数の諜報機関・政府職員が在籍していることが分かっています。

メタには少なくとも１１５人の諜報機関、政府職員が在籍していて、ＣＩＡ17人、ＦＢＩ37人、ＮＳＡ（国家安全保障局）23人、国土安全保障省38人。

国土安全保障省は９・11同時多発テロ事件をきっかけに設立された連邦政府機関で、国防総省・退役軍人省に次ぐ3番目の規模にまで肥大化していて、傘下のＣＩＳＡ（サイバーセキュリティ・インフラストラクチャー安全保障庁）は、後述する検閲産業複合体で重要な役割を果たしているため、国土安全保障省職員がいることは危険信号と言えます。

グーグルには少なくとも165人確認されていて、CIA27人、FBI52人、NSA30人、国土安全保障省50人、国家情報長官室6人です。

このように、私たちが日常から何気なく使用し、情報収集に使用しているSNSプラットフォームの背後には、大量の諜報機関職員がいるのです。

■政府からの圧力

個人的にツイッター・ファイルの公開で驚いたのが、ツイッターが検閲・情報統制圧力に抵抗していたことが明らかになったことです。

2020年大統領選挙やコロナ起源、マスク・ロックダウン・ワクチンに関する投稿など、とにかく民主党や主要メディアの主張と合わないことは「誤情報」として検閲されていました。

そのため、イーロン・マスクによる買収が行われる前のツイッターは、積極的に検閲し、民主党に協力的な姿勢を見せていたと思っていました。

実際は逆で、ツイッターは検閲圧力に抵抗していて、後述する「フェイスブック・ファイル」では、フェイスブックも検閲圧力に抵抗していたことが分かっています。

ツイッター・ファイル第7弾報道によると、２０１９年からツイッターに対する政府からの圧力があったことが分かっています。

２０１９年12月20日、ＦＢＩ主任特別捜査官のエルヴィス・チャンから、「数年前、ツイッターは諜報機関とデータ共有しないと通達し、そのような規約をもっている。あれから規約の変更をしたか、これから規約変更するつもりはないか」と、諜報分析のためのデータ提供を求めるメールが送られてきていました。

２０２０年1月2日にツイッター社内で、「諜報機関から継続的な情報提供と規約変更の圧力がある」というやりとりがされていました。

1月7日、信用・安全部門責任者のヨエル・ロスは「法的手続きが必要」と通達、7月9日にはＦＢＩからＩＰアドレスのデータ提供を求められるも、4日後に苛立ったように拒否。

２０２２年8月25日のツイッター内部文書には、9月6日に予定されているＦＢＩとの会議に関する内容がまとめられていました。

その中で、「ＦＢＩの目的は、我々に緊急公開要請を拡大させることだ」と指摘。緊急公開要請とは、重大事件発生時、令状なしで情報開示を求めることです。

ツイッターは「他のプラットフォームと比べ、協力的ではないことを強調してくるだろうが、我々は方針を曲げるつもりはない」とＦＢＩの要求に徹底抗戦の構えをみせていました。

この当時、保守弾圧が凄まじいことになっていましたが、個人情報の取り扱いに関してはある一定の線引きをしていたようです。

■ヤクザのような民主党議員の圧力

トランプ大統領とロシアが結託しているという大嘘物語『ロシア疑惑』が民主党によってでっち上げられました。

ロシアによるアメリカへの影響力工作は実在すると思いますが、かなり誇張されていると考えられます。

共産主義化が進んでいる独裁気質のある民主党は、ロシア疑惑をフル活用することで、自分たちの都合のいいようにSNSプラットフォームを従わせていることもツイッター・ファイルによって明かされています。まるでヤクザかチンピラのような手法の一部を紹介します。

民主党は「ロシアの工作活動がとんでもないことになっている」という、自分たちの信じたい物語を押し付けたがっていました。

2017年8月、フェイスブックが約300のロシア関連アカウントの凍結を発表。ツイッターはフェイスブックから凍結情報の提供を受けましたが、ツイッター側では大きな問題は確認されませんでした。

9月に連邦上院議会からの問い合わせに「ロシア工作アカウントの疑いを22件、関係があると思われるアカウント179件を凍結した」と回答しました。

この回答に納得しなかったのが、民主党連邦上院議員のマーク・ウォーナー上院諜報委員会副委員長。「すべてのレベルで不十分な対応だ」と非難。

ツイッター社内では、「ロシアネタをトップニュースにし続けることで、SNS業界から情報を出させ続け、政治的な報酬を狙っている」「民主党はヒラリー・クリントンが出す本の内容（SNSでロシアの工作があり、トランプに敗けた原因）に合わせるように動いているように思える」と、ツイッター側は民主党の要求は現実と乖離し、別の目的があることを疑っていました。

９月22日、『ワシントンポスト』が「ＳＮＳ企業の政治広告規制法案提出を検討」と報じます。これはウォーナー議員がワシントンポストに話した内容です。

つまり、立法権を振りかざし、民主党大応援団大手メディアを使うことで、ツイッターに圧力をかけたのです。

10月13日には『ポリティコ』が、「ツイッターがロシアの影響力工作プラットフォームになっている」と事実ではない報道をすることで、さらなる圧力をかけます。

民主党からの圧力が続いていることを受け、ツイッターは10月にロシアタスクフォースを設置します。

それでも10月13日の内部のやりとりでは、「ロシアの組織的な活動は確認できない」「一匹狼によるものだ」として、投稿のタイミング・標的・内容などに一貫性がないことを報告していました。

10月23日には「徹底調査の結果、２５００アカウントを手動で調査したが、32のロシア工作アカウントの可能性、17の関連の可能性、特に２つだけが著しい関連を確認した」と報告されましたが、ロシア工作の可能性が最も高い2件のうち、1件は『ロシア・トゥデイ』という、ロシアの国営メディアのアカウントでした。

つまり、メディアが大騒ぎしているようなロシアの工作活動が大規模に行われているということは、事実ではなかったのです。

11月24日、『バズフィード』は「ツイッターは我々が指摘した45の工作アカウントを凍結した」と報道し、すかさず上院諜報委員会からツイッターに説明要求がされます。

このような議会権限とメディアを使った圧力がけをし続けることで、結局ツイッターは規約変更を決め、公開されている規約では「ツイッターの判断でアカウントを凍結する」としていましたが、社外秘規約では「諜報機関から指摘があったとき」に変更されたのでした。

■証拠捏造の巨匠

トランプ相手ならなんでもやっていい、言っていいという雰囲気を民主党や左翼がつくり、暗殺未遂事件にまで発展しました。

私は常々、「政党に〝民主〟をつけている政党に、ロクな政党はない」と主張しています。日本はご存知のとおり、アメリカは民主党、カナダは新民主党という共産主義政党があります。

アメリカのロクでもない政党の議員の中でも特に悪質なのがアダム・シフ連邦下院議員です。２０２４年選挙で勝利し、２０２５年からは連邦上院議員ですが、私は彼のことを「証拠捏造・改竄の巨匠」と呼んでいます。

シフは下院諜報委員会委員長を務めたことがあり、一般人がアクセスできないトップシークレットの機密情報を知っていた人物。そんなシフは何度も何度も何度も何度も何度も「ロシアとトランプが結託している決定的な証拠がある」とメディアで言い続けていました。

ところが、待てど暮らせど決定的な証拠とやらを見せてはくれませんでした。なぜならば、〝嘘〟だからです。先述のとおり、ロシア疑惑は民主党がでっち上げたことですから、証拠などあるわけないのです。

トランプ大統領は2回弾劾裁判にかけられましたが、シフはこの弾劾裁判で証拠の捏造をし、1月6日事件調査委員会では証拠品の改竄をしています。

カリフォルニア州という民主党岩盤州だからこそ議員の地位を守ることができていますが、こんな人物を選び続けたカリフォルニア州ロサンゼルス近郊の住民の民度が疑われるレベルの人物で、ツイッター・ファイルでも名前が出てきました。

トランプ大統領の一度目の弾劾の理由は、ウクライナのゼレンスキー大統領との電話会談での一幕。副大統領時代のバイデンが、息子のハンターが取締役をしていたウクライナのガス企業ブリスマへの捜査を潰すために、検察長官を解任するように圧力をかけていた疑惑があり、それをきちんと捜査しなければウクライナへの支援金を凍結すると伝えていました（拙著『日本人が知らない「陰謀論」の裏側』で詳述しましたが、確実にバイデンが圧力をかけたことで検察長官は解任されました）。

これをバイデンという政治的敵対者を攻撃するための職権濫用という告発があり、民主党が大騒ぎ。

ジャーナリストのポール・スペリーは、この弾劾のきっかけになった告発者のロシア疑惑への関与、アダム・シフや民主党との関係を明らかにする調査報道をしました。

トランプ大統領の弾劾は、２０２０年大統領選挙を見据えた民主党による影響力工作だったと指摘できる根拠が報じられたのですが、これに焦ったのがシフでした。

２０２０年11月12日のツイッター内部メールで、シフから直接ポール・スペリーらを名指しでアカウント凍結する要求や、関連投稿のシャドーバンや投稿の検閲を要求していました。

完全な違憲行為です。

このときはツイッター側は凍結は拒否しましたが、２０２１年2月にスペリーのアカウントは凍結されました（現在は凍結解除）。

通常であればツイッターから具体的な凍結理由を通達するメールが届きますが、スペリーに届いたメールは凍結理由が空欄になっていました。

シフ陣営から再度の圧力があったのかもしれません。

#ReleaseTheMemo

ロシア疑惑というでっち上げの追及は大統領就任後も続きました。

デヴィン・ニューネス共和党連邦下院議員は下院諜報委員会委員長として議会権限を使ったロシア疑惑捜査を２０１７年に行います。この捜査はトランプ大統領を追及する捜査ではなく、ロシア疑惑がでっち上げであることを証明するための捜査です。

２０１８年1月18日に通称「ニューネスメモ（覚え書き）」と呼ばれる報告書が作成され、２月２日に公開されました。

ニューネスメモが作成されてから公開まで約２週間ありましたが、この期間中にトランプ大統領を支持する人々がツイッターで「#ReleaseTheMemo（覚え書きを公開しろ）」というハッシュタグを拡散。

ロシア疑惑がデタラメであることがバレることを恐れた民主党は即時に動きます。

1月23日、民主党連邦上院議員ダイアン・ファインスタイン、アダム・シフ連邦下院議員が連名で公開書簡を出し、「ニューネスメモの公開を求めるハッシュタグは、ロシアの工作活動」と指摘し、ツイッターとＦＢＩに捜査を要求しました。

1月31日には民主党有力議員のリチャード・ブルメンタール連邦上院議員も賛同し、ロシアによる影響力工作だというイメージ付けがされていきました。

ところがツイッターの内部調査ではロシアによる工作活動の痕跡は見つからず。

それでも民主党は記者会見で「ロシアの工作だ！」という意見は曲げず、ツイッターの内部調査に納得していないと主張していたのでした。

■ Hamilton68

メディアはニュースメモのことを、文字通り口を揃えて「冗談だ」と批判。民主党やメディアが「ロシアの工作」と主張する根拠に使われたのが『Hamilton68』という団体の報告です。

Hamilton68 はロシアのネット工作活動をリアルタイムに監視する団体を自称していて、元ＦＢＩ対防諜部門のクリント・ワッツが責任者です。

Hamilton68 を立ち上げたのは『Alliance for Securing Democracy（ＡＳＤ）』という団体です。ＣＩＡやＮＳＡのような諜報機関の元職員だけでなく、ジョン・ポデスタという民主党の大物が在籍している団体です。

ポデスタはビル・クリントンの大統領首席補佐官、ヒラリー・クリントンのキャンペーントップ、バイデン政権でも要職についている人物。そんな人物がいることから、ＡＳＤが民主党系団体というのは容易に想像がつくでしょう。

ＡＳＤが立ち上げた Hamilton68 は独自分析の結果、ツイッターで拡散された

「#ReleaseTheMemo」はロシアの工作活動であると発表しました。あれから7年ほど経過していますが、未だに具体的な分析方法や、どのアカウントをどのように工作アカウント認定したのかは公表されていません。

先述のファインスタイン議員とシフ議員の共同声明は Hamilton68 の分析を根拠にしていますが、ツイッター側は共同声明が公開される前に「どのようにして Hamilton68 が分析をしたのかを知るべき」と指摘するも無視され、そのまま共同声明は公開されました。当時のツイッター社内メールには「民主党議員は真実には興味がない」とぼやいていたことが分かっています。

２０１７年10月3日のツイッター信用・安全部門責任者のヨエル・ロスのメールでは、Hamilton68 の独自分析を「透明性の欠片もない」と非難。そして、Hamilton68 の報告のリバースエンジニアリング（分析）に成功してことを社内に報告し、６４４アカウントがロシアの工作アカウントとされていることを突き止めました。

それらのアカウントは「奇怪で恣意的なアカウントが選定されていて、ほとんどがトランプ支持者」だと判明しました。それだけでなく、「ロシア人でも、ボットでもない」とし「普通のアメリカ人、カナダ人、イギリス人のアカウントばかりだった」と、ロシアとは縁もゆかりもない人のアカウントがロシアの工作アカウント認定されていたのでした。

ツイッター・ファイル報道の主要人物マット・タイビは「アカデミアのスキャンダルだ」と指摘します。「ハーバード、プリンストン、テンプル、ニューヨーク大学などは、「Hamilton68を情報ソースとして研究発表や講義をしていた」とその理由を挙げ、「民主党議員はHamilton68の情報を採用・拡散したこと、Hamilton68から専門家として議会に招いたことは、最も恥ずべきことだろう」と民主党議員を批判しています。

②巨大情報統制体制の実態

■検閲産業複合体

2023年3月9日、ツイッター・ファイル報道の中心メンバーであるマット・タイビ、マイケル・シェレンバーガーが政府武器化委員会の公聴会で『検閲産業複合体』の存在を明らかにしました。

ドワイト・アイゼンハワー元大統領が退任演説で「軍産複合体」という言葉を使いましたが、同じような構図であることから名づけられました。

アイゼンハワーは「軍産複合体による不当な影響力の獲得」「政府による雇用、資源配分、財政力による学者層の支配」を警告しました。

シェレンバーガーは「アイゼンハワー大統領の警告は、納税者が無自覚に資金援助し、成長させた『検閲産業複合体』の誕生により、当たってしまった」と指摘しています。

検閲産業複合体は、メディアやSNS企業に対する政府・民間団体による直接・間接的な検閲・情報統制要求の仕組みです。

直接的な検閲・情報統制要求は、FBIや民主党議員の圧力を具体例としていくつか先述しました。

ここからは間接的な検閲・情報統制を深掘りします。

資金源の多くは税金を補助金して提供することで賄われていて、一般国民の知らないところで、一般国民の血税で、一般国民の情報が操作されています。

たとえば、国防総省はNewsGuard、国務省はGlobal Disinformation Indexのように、独立した活動をしているように見える団体に補助金を出すことで、代理で検閲・情報統制をさせるようにしています。

アメリカを例にしていますが、日本を含めた世界各国で秘密裏に水面下で行われている可能性があります。

■はじまりはオバマ

検閲産業複合体のはじまりはオバマ政権です。

２０１６年3月14日にオバマが大統領令１３７２１に署名し、7月6日に国務省を中心にしてGlobal Engagement Center（ＧＥＣ）が設置されました。

イスラム過激派によるプロパガンダ工作、ネットを使った人員募集対策が主な目的で、過激外国勢力の対策機関として設置されたはずでした。ところが、気づけばアメリカ国民を監視する機関になっていました。典型的な「社会主義者の46の目標」の第46番目「危機を利用して法制定をする」です。イスラム過激派を口実に、政府権力をさらに強化し、やがて自国民支配に利用しているのです。

連邦政府機関内だけでも、多くの政府機関と協力関係にあり、具体的にはＣＩＡ、国土安全保障省、国防総省（中央司令部・戦略軍・サイバー軍、アフリカ司令部、DARPA（国防高等研究計画局、特殊作戦軍）、国家安全保障局、FBI、国際開発庁、国家情報局長官室で、関係省庁合同機関と言えます。

最新の監査報告書が2020年4月に公開されていて、報告によると2018年度の予算は9870万ドル。国務省に設置された機関であるものの、テロ対策という国防に関係するからか、8000万ドルは国防総省予算から捻出されていました。

総予算のうちの5860万ドルは39の民間企業・機関に下請け契約金として使われていて、3企業・機関の名前は分かりましたが、36は報告書が黒塗りされていて分かっていません。

GECは下請け機関に資金提供して独自分析をした報告書を公開させるか、GEC独自の報告書を公開、またはジャーナリストやメディアに提供することで、海外勢力の工作活動が活発化しているという報道がされるようにしていました。

しかし、ツイッターが内部調査した結果、工作員ではないことが判明しているケースがいくつもあります。

典型例は先述のロシア疑惑に関するものですが、他にもGECが直接関与していて、ロシアではない国に関するものを紹介します。

ＧＥＣは下請け機関に「データ分析」を依頼していましたが、ツイッター・ファイルにより、具体的にどのような分析が行われていたのかが明らかにされました。

ＧＥＣから資金提供を受けているAtlantic CouncilのDigital Forensic Research Lab（ＤＦＲ　Ｌａｂ）は、２０２1年6月18日に4万アカウントのリストをツイッターに送付、「インドのヒンドゥーナショナリストに成りすました工作員か、お金を受け取って活動する不自然な活動を確認した」と報告。ツイッターが内部調査したところ、単なるアメリカ人だったことが分かっています。根も葉もない言いがかりをつけ、単なる共和党員やインドとは無縁のアメリカ人を工作員扱いしていたのです。

ＧＥＣが直接ツイッターに「中国の工作アカウントの可能性がある」と報告した５５００のアカウントは、ＣＮＮのスタッフが3人含まれていたり、西側諸国の公式アカウントが含まれていて、ツイッター高官は内部メッセージで「大ぼら吹きじゃないか」と呆れていました。

このような雑すぎる分析報告をしている政府機関が、税金を元手にＳＮＳ企業に検閲要求をし続けているのです。

■保守系メディアを間接的に潰そうとする仕組み

民主党議員がツイッターに直接の圧力をかけていたことがツイッター・ファイルで明らかにされていますが、間接的な検閲・情報統制の圧力がけの仕組みが整えられていました。

自分たちにとって不都合な情報が拡散されないようにしたいグローバリストたちは、現代のネット環境に目をつけます。今ではテレビよりもネットのほうが広告宣伝費が多く、日本では2021年には主要4媒体（テレビ・ラジオ・新聞・雑誌）をネット広告が抜いたことが話題になりました。このネット広告収益の仕組みを利用することで、保守系メディアの活動を妨害しています。

① **Global Disinformation Index（GDI／世界誤情報指数）**

誤情報対策として立ち上げられたイギリス拠点の『Global Disinformation Index（GDI／世界誤情報指数）』は、メディアの報道内容を独自分析し、誤情報拡散リスクの高さをデジタル広告会社に提供しています。

この独自分析情報が、明らかに左翼バイアスがかかったものになっていて、保守系メディアの広告収益を圧迫することで、保守系メディアの存続自体を危ういものにして、自分たちにとって都合の悪い情報を発信するメディアを潰そうとしているのです。

２０２２年10月21日にアメリカのネット上の誤情報リスクの高いメディア、低いメディア10選をまとめた報告書が公開されました。

誤情報リスクが低く信用できるメディアは、『ウォールストリートジャーナル』や『インサイダー』を除いて、軒並み左翼・リベラルバイアスが激しいメディア。

一方で誤情報拡散リスクが高い危険メディアと名指しされているのは、すべて保守系メディア・媒体でした。アメリカメディアの報道バイアスを知っている人が見れば笑ってしまうようなリストでしょう。

このＧＤＩに資金提供をしている大元は先述の Global Engagement Center（ＧＥＣ）です。

ＧＥＣは Park Advisors という投資会社に30万ドルの資金を出し、Park Advisors が管理する『Disinfo Cloud』にＧＤＩの東アジア・ヨーロッパを担当させています。

また、国務省が3億ドルの予算を出している全米民主主義基金（NED）がAN Foundationという、GDIのアジア・アフリカ誤情報対策のためのグループ団体に2300万ドルの補助金も出しています。

GDIは極左億万長者ジョージ・ソロスの基金からも資金提供を受けています。

このように保守系メディアの収益を減らすため、アメリカ政府と民間団体が共謀する複雑な仕組みが、私たちが知らないところで組み立てられていたのです。

メディアの「信用度」を数値化しているわけですが、憲法学者のジョナサン・ターリーは「中国のソーシャル・クレジットシステムと変わらない」と指摘しています。

「GDIのリストを見れば一目瞭然だが、バイデン政権とGDIが真実だと思い込んでいるもの、思い込ませたいものとは違うものは、すべて誤情報というカテゴリに入れられている」とも指摘しています。

②NewsGuard

2018年に設立された『NewsGuard』はGDIと同様に、主要メディアを含むオンラインコンテンツの信頼度を独自分析により数値化しています。

２０２１年に国防総省から「Misinformation Fingerprints（誤情報の指紋）」という名目の補助金75万ドルを受けていて、国防総省のＤＡＲＰＡ（国防高等研究計画局）に別の補助金申請もしていますが、実際に受給できたかどうかは不明です。

非営利団体のMedia Research Centerは２０２１年、２０２２年にNewsGuardによる信用スコアのバイアスを分析。

Media Research Centerは、AllSidesという団体のメディアの政治バイアス順位を参考に、NewsGuardの評価を左翼系（リベラル）メディアと右翼系（保守）メディアで違いがあるかどうかの分析をしました。

結果として、２０２１年は左翼系メディアのほうが22ポイント評価が高く、２０２２年は左翼系メディアのほうが25ポイント高く評価されていました。

NewsGuardによって実害が出ていて、保守系教育プラットフォームのPragerUは、NewsGuardの影響により、動画配信プラットフォームとの契約が打ち切られました。

PragerUはコロナ禍初期には誤情報として取り締まられ、後に正しかったとされるようになった、コロナウイルス武漢研究所流出説、ロックダウンの効果やコロナワクチン効果への疑問や気候変動詐欺などを追及する活動をしていました。

また、NewsGuardはPragerUのコメンテーターがグローバリストの巣窟である世界経済フォーラムを批判するポッドキャストを配信したところ、投稿削除の要請までしてきていました。他にもPragerUの寄付者リストの提供を求めるように、信用度の数値化とは違う言論封殺活動をしています。

そんなNewsGuardですが、コロナウイルス武漢研究所流出説を誤情報として取り締まっていたことを後に訂正・謝罪しています。

「誤情報取り締まり」の大きな問題がこれで、情報というのは答えが分からないものがいくつもあります。誰が、どのようにして正しい情報と判断するのかという問題に直面します。何が正しいかは誰にも分からないからこそ、言論の自由は大切なのですが、そもそも検閲産業複合体に関与している連中は、「何が正しいか」は興味ありません。「何を信じさせたいか」「知られたくないことを、いかに知られないようにするか」に専念しているのです。

そのツールとしてＧＤＩやNewsGuardが使われ、やがて検閲産業複合体と呼ばれるまでに肥大化していっているのです。

■検閲産業複合体の種

検閲産業複合体の実態を下院議会で証言したマット・タイビとマイケル・シェレンバーガーが実例として挙げ、「検閲産業複合体の種」と指摘したのが『Election Integrity Partnership（選挙の誠実さパートナーシップ／ＥＩＰ）』です。後に『Virality Project（ヴァイラリティ・プロジェクト）』として活動内容を変えます。ヴァイラリティは口コミなどで人気が拡散することを意味します。

ＥＩＰは１２０人のＳＮＳ誤情報分析官を起用、１日最大で20時間にわたって15のＳＮＳプラットフォームを監視。２０２０年8月15日～12月12日の期間で、ツイッターだけで8億５９００万投稿を分析し、２２００万投稿を誤情報としてツイッターに報告していました。トランプ大統領を含め、多くの保守系アカウントが監視の対象になっていて、たとえば明らかに不正の温床になっていた郵送投票の安全性を疑う投稿は検閲対象でした。

２０２３年11月6日には下院政府武器化委員会がＥＩＰを含めた検閲産業複合体に

関する議会権限を使った調査の報告書をまとめていて、連邦政府機関が憲法違反の検閲・情報統制を行うことによる問題を回避するため、検閲産業複合体を形成していったことが詳述されています。

トランプ政権下で始まったことではありますが、連邦政府機関職員すべてがトランプ大統領の味方ではありません。「ディープステイト（DS）」と呼ばれるような勢力は、むしろトランプ大統領のような官僚・エリート・既得権益層に堂々と歯向かう人物を嫌い、2020年大統領選挙でトランプ大統領が負けるように動いていたのです。

国土安全保障省傘下のサイバーセキュリティ・インフラストラクチャー安全保障庁（CISA）が中心となり、検閲産業複合体の種のさらに前身組織・グループが3つ形成されていました。

ここまで詳しく触れるとマニアックすぎるので割愛しますが、『Switchboading』『Elections Infrastructure Information Sharing and Analysis Center（EI－ISAC）』『Misinformation Reporting Portal』で、選挙運営者がSNS企業に直接誤情報の通報をすることができる仕組みができていて、2018年中間選挙でEI－ISACに50州すべてが参加していました。CISAの内部メールによると、憲法違反の恐れがあることを認識しながら進められていたプロジェクトでした。

先述しましたが、連邦政府は修正憲法第1条で保障されている「言論の自由」を保障しなければならず、政府が関与する検閲・情報統制は許されないのです。

解決策としてＣＩＳＡが接触したのがスタンフォード大学の Stanford Internet Observatory。シェレンバーガーの報告によると、２０２０年6月23日に最初の打ち合わせが実施され、その後ワシントン大学の Center for Informed Public、大西洋評議会の Digital Forensic Research Lab、ＳＮＳ調査会社 Graphika が参加することになりました。

大学、シンクタンク、調査会社といった様々な形態の民間団体が参加し、連邦政府機関からはＣＩＳＡ（国土安全保障省傘下）、ＧＥＣ（国務省傘下）が参加し、『Jira Service Desk』というリアルタイムチャットアプリで情報共有し、ツイッターやフェイスブック、ユーチューブのようなＳＮＳプラットフォームに誤情報の取り締まりの要求や指摘をしていました。

２０２０年大統領選挙が終わってからは、『Virality Project』と名称だけ変更し、Jira Service Desk を使用した情報共有は継続し、選挙に関する誤情報ではなく、コロナに関する誤情報の取り締まりに注力するようになっています。

具体的にはマスクの効果を疑うこと、ワクチンの効果や安全性を疑うこと、コロナウイルス武漢研究所流出説など、バイデン民主党やテレビに出てくる専門家の主張と異なる主張の監視、取り締まりの要求をしていました。また、コロナワクチン接種者の副反応の正確な報道は「接種のためらいを生む」として、検閲の対象にする方針で活動していました。具体例として、２０２１年2月11日にニューヨーク州で教師が大量欠勤したことで、臨時休校になったニュースがありましたが、取り締まりの対象にすべきとしていました。個人の副反応経験談も同様に、ミスリードの可能性があるとして、取り締まりの対象にされていました。

もはや誤情報という枠組みを飛び抜け、情報統制をしていたのです。共産主義国家で起こる典型的な情報操作ですが、世界に民主主義を広げているはずの自由の国アメリカは、もはや存在していないのです。

■検閲産業複合体の問題の本質

知られていなかった検閲産業複合体の実態のほんの一部だけを紹介しましたが、それでもかなりマニアックで問題の本質がよく分からなくなってきているかもしれません。

検閲産業複合体の形成は結果として出来上がった仕組みであり、最も問題なのは検閲産業複合体をつくろうとした勢力の背景にある共通点。

第一章で紹介した「社会主義者の46の目標」の第46番目「危機を利用して法制定をする」です。

その〝危機〟というのも、でっち上げや煽りによってつくりあげられたものであるということです。

選挙に関する誤情報取り締まりの仕組みをつくったのは、ロシア疑惑で騒がれた海外勢力による選挙介入。しかし、ロシア疑惑は民主党が資金を出し、オバマ政権やFBI、CIAなどが関与していた、でっち上げ大嘘物語。

はじめは「海外勢力による」選挙干渉を防ぐことでしたが、やがてアメリカ国民と海外勢力の線引きがなくなり、民主党にとって不利な内容の取り締まりに発展していきました。

コロナに関する誤情報取り締まりの仕組みは、人命を盾にして人々を煽りまくりパニックにさせ、〝センモンカ〟を自称する救世主様たちによる非科学的な公衆衛生対策の押し付けを正当化、刷り込みさせることになりました。

コロナ対策の顔的存在になっていたアンソニー・ファウチ国立アレルギー・感染症研究所所長やフランシス・コリンズ国立衛生研究所所長らは、「2メートルのソーシャル・ディスタンスは思いつきで、科学的根拠はない」と公聴会で認め、裁判所命令で強制開示させられたメールでは「マスクに効果はない」と伝え、ワクチンに他者感染防止効果がないことを分かっていたにもかかわらず、公では効果があると主張していたことなどが判明しています。

コロナウイルスの武漢研究所流出説は陰謀論とされていましたが、諜報機関の分析では実は有力だったことが明らかになるにつれ、今では否定できないものとして認知されています。

つまり、嘘を真実として押し付け、真実を嘘として取り締まっていたのです。さらに詳しい実例は後述します。

一部のメディアがそれをやっているのであれば、質の低いゴミメディアということで利用者が離れるだけですが、これを政府・学者・専門家・団体など、あらゆる勢力が関与することで、反対意見を封殺する仕組みを整えることに利用されていたのです。検閲産業複合体の形成は、グローバリスト（共産主義者）にとって反対意見を潰すため、最も達成したかったこと。

「危機」というのは人々が救いを求め、最も弱っているときであり、一般人が自分よりも権威ある人に頼ろうとするとき。

２０１６年選挙はトランプ大統領の勝利にショックを受けた民主党支持者が、「ロシアが悪い」という物語にすがることで納得しようとしました。

コロナ騒動は得体の知れない、目に見えないウイルスの脅威を毎日毎時間毎分毎秒聞かされ、見せられたことで恐怖に支配され、「どうすれば命を守ることができるのか」と、文字どおり必死になってテレビをつけ、新聞を読み、専門家や政府という、自分よりも権威ある人々の意見を鵜呑みにしていきました。一方的な情報発信をする絶好の機会であり、反対意見を黙らせることに人々は納得し、検閲産業複合体の形成を正当化させる空気感をつくることができたのでした。

拙著『北米からの警告』（徳間書店）で紹介しましたが、「群集心理」と「ナッジ理論」

という心理学をベースにした世論誘導が起きていました。

グローバリストは「危機」をつくりあげ、誇張し、世論誘導することで、自分たちにとって都合のいい世界をつくりあげようとしてきているのです。

情報は一般人が自分自身を守るために必須の防具であり、それを管理されたとき、私たち一般人はなす術がなくなるということを肝に銘じる必要があるのではないでしょうか。

③コロナと検閲・情報統制

■誤情報と呼ばれた真実

2020年に始まったコロナウイルスパニックは世界の常識を一変させるものになりました。毎日のように「感染者数が●●人」「死者数が●●人」と報じられ続け、人々を恐怖のどん底に。

「そこまで恐れることだったのか？」と、いま冷静に考えられる人。「あのときは仕方がなかった」と正当化してしまう人。日常を取り戻したことで、すっかり忘れている人。

様々な人がいると思います。

コロナ騒動はグローバリスト勢力が社会構造を理想的なものにつくりかえる絶好の機会でした。「グレートリセット」と彼らは呼んでいますが、まさにその一部が浸透していたのです。それが権力者の主張に合わないこと、都合の悪いことを「誤情報」「陰謀論」として取り締まる、検閲・情報統制です。

人々は「あなたを守るため」「あなたの大切な人を守るため」「社会・公衆衛生のため」と言い聞かされ、反対意見を許さないことを普通のことであるよう言われ、「コロナは怖い」という感情に支配された人々は、自分の身を守ることにつながるし、自分の感情が正しいものであると答え合わせをすることができるため、問題のないものとして受け入れていました。

あれから数年経過し、報道内容は一変しています。それまで誤情報とされ検閲され、陰謀論として相手にされていなかったことこそが、正しかったと報じられているのです。

たとえば、アメリカの『ニューヨークタイムズ』は2023年2月21日に「マスク着用義務は完敗。奇人としてバカにされたり、誤情報屋として検閲を受けたりした人々が正しかった。主流のエキスパートや専門家は間違っていた」と報道。

イギリスの『テレグラフ』は2024年6月5日に「コロナワクチンは超過死者数増加の原因の可能性がある」と報じ、6月7日にはオーストラリアの『ヘラルドサン』も同様の報道をしています。

2024年4月のフィンランドの裁判で、フィンランド保健福祉研究所の主任医師であり、WHOの予防接種に関する戦略的専門家グループの議長を務めているハンナ・ノヒネクは「2021年夏の時点でワクチンに他者感染予防効果がないことは把握していた」と証言。さらに「フィンランド政府にワクチンパスポートは他者感染を防ぐという間違った印象を与えるため、廃止すべき」と提言していたが、政府は聞く耳をもたなかったと証言しています。

コロナウイルス起源を巡る議論は、中国の武漢研究所流出説は陰謀論扱いされましたが、いまでは主流になりつつあります。

ボリス・ジョンソン元イギリス首相は2024年10月に発刊された回顧録で、コロナウイルス武漢研究所流出説に言及。

これより前の時点で、アメリカの諜報機関の分析で、研究所流出説の可能性を示唆するものがあったことが報じられています。

2023年9月12日にCIA長官らに下院議員から宛てられたレターで、CIAの内部告発者による情報が明かされました。

内部告発者によると、CIAは科学知識のある7人のチームでコロナ起源調査を実施、7人中6人が「研究所流出説」を支持。ところが、チームリーダーが「自然発生説」を支持。研究所流出説を支持していた6人は多額の金銭的インセンティブが支払われ、見解を変えるように圧力をかけられたと主張しているのです。

このように後になって誤情報が真実に変わっていくことがありましたが、これらの真実を誤情報と主張していた人々は反省することなく、さらなる検閲を呼びかけています。典型的なのはアメリカの民主党でしょう。

煽られていた恐怖

イギリスの『テレグラフ』は2023年2月28日から『ロックダウンファイル』と

題するスクープ報道を始めました。イギリス政府高官のメッセージアプリＷｈａｔｓＡｐｐのテキストメッセージ約10万が流出し、当時のイギリス首相ボリス・ジョンソンをはじめ、コロナ対応を指揮していた当時の保健大臣マット・ハンコックなど重要閣僚がどのようなことをコロナ禍に話し合っていたのかが暴露されました。

たとえば、２０２０年10月7日に、それまで定期的に更新していた地域ごとのコロナ感染状況の監視リスト更新をしないことを決めていました。理由は、地域監視リストを更新しないことで、地域どころかイギリス全土で感染爆発が起きていて、地域ごとの情報更新の意味がないという印象、つまり、恐怖を植え付けるためです。

２０２０年12月13日にはハンコック保健大臣が“We Frighten the pants of everyone with the new strain”「新しい変異株で人々を徹底的に怯えさせるぞ」“but the complication with that Brexit taking the top line”「ブレグジットがトップニュースに来るのが面倒だ」と、変異株がイギリス国内で検知された報告を受け、そのニュースを『人々を怯えさせるために』利用するため、発表のタイミングを特別補佐官と話し合っていたことが明らかになっています。

特別補佐官は「これで国民に『適切な振る舞いの変化』をさせられる」という返事をし、

国民の行動に影響を与えることを目的にしていることも分かります。そして、この返事にハンコック保健大臣は“When do we deploy the new Variant”「いつ変異株を動員する？」と返事をしています。

この動員するというのは「いつ発表するか」という意味だと思いますが、より効果的に国民に恐怖を与えるための作戦を考えていたことを示しています。陰謀論のように見えるかもしれませんが、これが『現実』です。

国民に恐怖を与えることで、国民をコントロールしようとしていたのです。振り返ってみれば分かりますが、イギリスだけではありません。日本も含め、ほぼすべての国が同じようなことをしていました。

２０２１年４月14日に覆面取材を得意とする『プロジェクト・ヴェリタス』が公開したＣＮＮテクニカルディレクターに対する覆面取材の動画で、コロナの恐怖を視聴率向上に利用していたことが明かされています。

チャーリー・チェスターは隠し撮りをしているプロジェクト・ヴェリタスの女性ジャーナリストに対し、「コロナ死者数を常に画面に表示し続けることで、恐怖を煽っていた」と報道の裏話を暴露。「視聴率につながるからだ」と話していました。

これはＣＮＮだけの話ではなく、すべてのメディアが同じだったのではないでしょうか。

新型インフルエンザが騒がれたとき、サーズウイルスが騒がれたとき、あのような常に数字を見せられ続けることはなかったはずです。

「数字は嘘をつかないが、嘘つきは数字を使う」と言われるように、数字には説得力があります。

交通事故だろうが特定の病気だろうが、ＰＣＲ検査で陽性反応が出ればなんでもコロナ感染とし、日本にいたっては「見なし陽性」などという意味不明なカテゴリまでつくりあげ、とにかく陽性者数が多くなっているように見せていました。

これらは人々を恐怖に陥れることにより生まれるチャンスをつかもうとする勢力によって操作されていたことなのです。

■アマゾン・ファイル

情報は人々をコントロールする最良のツールです。下院司法委員会に設置された政府武器化委員会の2024年5月1日報告書は、バイデン政権がどのようにして情報操作をするように圧力をかけていたかを議会権限で発行した召喚状で、アマゾン、フェイスブック、ユーチューブの内部文書やメールを基にまとめています。「コロナワクチンは安全で効果的」という物語に合わない投稿・出版を認めないように圧力がけがされていました。

2021年3月2日、ホワイトハウスのシニアアドバイザー、アンドリュー・スラヴィットがアマゾンに一通のメールを送ります。「アマゾンのプロパガンダ・誤情報担当の高官と話をさせてくれ」として、アマゾンのコロナ関連の対応協議を求めていました。その後、書籍のコンテンツでワクチンと検索すると、ワクチンの効果を疑う内容の書籍が表示されることを「懸念している」と通達。

ザック・バターワース補佐官からもメールがあり、「ワクチンに関する検索を5分前にしたが、CDC（アメリカ疾病予防管理センター）の警告ラベルがどこにもない」と苦情。

ロバート・フラハーティというさらに別の補佐官も加わり、アマゾンに対する圧力がけがされていきました。

3月4日にはアマゾン内部で、"Do Not Promote"（推進〈＝拡散〉しない機能）を反ワクチン関連本に適用検討することが「高い優先順位」として進められ、「過激コンテンツ」に組み込むことが話し合われ、3月8日に承認されました。

内部のやりとりで明らかですが、アマゾンは危険なコンテンツと認定したものがおすすめ表示されないようにする機能を従来からもっていたようです。

これだけ迅速に動いた理由は、3月9日にホワイトハウスと会議が行われる予定になっていたからで、要は「この日までに何かしらの対応をしておけよ」という、無言の圧力にアマゾンが答えていたのです。

9日には43冊の書籍を反ワクチン本として拡散できないようにすることが決められています。

いくつかの具体例を紹介しますが、驚きなのが「反ワクチン」の定義です。コロナウイルスに関するワクチンだけでなく、ワクチン全般に関する科学的根拠に基づくものが検閲対象になっていたのです。

たとえば『The Vaccine Book: Making the Right Decision for Your Child（ワクチンの本：子供のための正しい決断）』は、２０１１年10月26日に発刊されたものでしたが、検閲対象に入っていました。

『Miller's Review of Critical Vaccine Studies: 400 Important Scientific Papers Summarized for Parents and Researchers（ミラーによる重要なワクチン研究のレビュー：保護者と研究者のために要約された400の重要な科学論文）』は、２０１６年２月１日に発刊された４００の科学論文を基にしたワクチンに関する本で、製薬会社の利益相反関係にも踏み込んだ内容のもの。

子供向け絵本でさえも検閲の対象になっていて、２０１９年9月12日発刊の『What Are Vaccines?（ワクチンってなあに？）』は、カリフォルニア・ニューヨーク州のワクチン未接種の子供に対する差別問題をテーマにした絵本。「ワクチンを打った子と友達になってもいいの？」と聞く少年に母親が、「当たり前でしょ。あなたが嫌と言ったら、ママはがっかりするわ」と返答しているような内容です。

３月12日の内部メールでは、19日に予定されているバイデン政権との会議を前に、「圧力を感じている」と本音が出ているところも明らかにされていますが、共産主義国家で起きているようなことを、バイデン民主党政権は行っていたのです。

■フェイスブック・ファイル

バイデン民主党ホワイトハウスによるフェイスブックに対するコロナ関連の検閲圧力は、遅くとも2021年2月8日時点で始まっていました。

ツイッターに対しては1月23日にロバート・F・ケネディJr.を検閲するように要求するメールをしていますから、バイデン政権発足直後から検閲・情報統制網の本格的な構築は始まっていました。

ロバート・フラハーティ補佐官は、コロナに関する投稿をどれだけ削除しているのかの具体的なデータ、削除する前にダウンランキング（表示されにくくする）をしているのか、誤情報ではないけれど疑わしい情報をどのように扱っているのかなど、コロナ対応を詳しく説明するように求めていました。

2月24日には「削除対象の外側」になる「誤情報の感覚」を要求。

3月14日の『ワシントンポスト』の報道をきっかけにさらにエスカレートしていきます。この記事では、フェイスブックが内部調査を委託し、規約違反にならないグレーゾーンを発見していたことが明らかにされました。

ワクチンに関するマイナスな「投稿」は規制対象でしたが、投稿ではなく、「投稿へのコメント」は取り締まられていなかったのです。具体的な調査内容は明らかにされていませんが、フェイスブックは３００万人以上のユーザーを６３８のグループに分け投稿を分析したところ、10グループがワクチン接種をためらわせるような投稿の50％を占めていたということが分かりました。

ワクチン接種をためらわせる具体例は「思ったよりも副反応がきつかった」のようなものです。フェイスブックは「ＶＨ（Vaccine Hesitant／ワクチンのためらい）」というラベルを内部で運用していました。

この記事を3月15日にフラハーティは"You are hiding the ball"（お前たちはボールを隠している）と件名と記事リンクだけの、激怒メールをフェイスブックに送信。

同時に別のホワイトハウス補佐官アンドリュー・スラヴィットもメールを送り、「フェイスブックとのやりとりは正直ではなく、問題は悪化している（中略）内部で我々にできることを検討している」という、もはや脅迫メールと言ってもいいようなものを送りつけています。

追い打ちで「ジェフ・ザイアンスと協力している」というメールを3月16日に送っています。ザイアンスは当時のホワイトハウスコロナ対応コーディネーターで、後にバイデンの大統領首席補佐官に就任する大物です。

バイデン政権からの検閲圧力は4月に入ってからも続き、4月14日にはワクチンの効果を疑問視する発言をしたタッカー・カールソン、「私は接種しない」と発言したトミー・レーレンといった具体的に名指しをしてフェイスブックで拡散されている投稿の削除を求めていました。『デイリーワイヤー』といった具体的なメディアの名前も出し、「『ニューヨークタイムズ』や『ウォールストリートジャーナル』のような権威あるメディアの投稿が優先されるようにできないか」という要求もしていました。

このようなエスカレートしていく検閲要求に対しフェイスブックは従っていましたが、4月28日の内部メールでは、フェイスブックの親会社メタのCEOマーク・ザッカーバーグや最高執行責任者のシェリル・サンドバーグに「ホワイトハウスや報道機関を含む外部からの、接種をためらわせる投稿の削除を求める圧力が続いている」と報告。「4月5日～11日の接種関連投稿トップ100リストをホワイトハウスと共有したが、『#3』を削除するように呼びかけてきている」とも報告し、「ユーモラスな"Meme"

（ミーム）でさえ、削除するように要求してきた」とホワイトハウスの要求が過激になってきていることを報告していました。

Meme（ミーム）とは、写真に面白い・皮肉コメントをつけるのが一般的で、バイデン民主党はワクチン接種にためらいを生む可能性のあるものは、たとえユーモラスなものでも許さなかったのです。

フェイスブックは当初は、「アメリカの言論の自由の境界線に著しい侵害」が起きると反論していましたが、「激怒という言葉では表現しきれない」と内部メールで語られるほどの激昂をホワイトハウス補佐官がフェイスブックにしたことで、従わざるを得ないことになっていきました。

『ウォールストリートジャーナル』の取材に応じたフェイスブック高官は、「幹部の中では、検閲をするべきでなかった、という意見や、マーク（ザッカーバーグ）が快適に思うことは100万年経ってもないだろう」と語っています。

ホワイトハウスの圧力を受け、内部規約に違反していなくても、50％の降格表示（表示頻度の制限）をする対応を始め、先述のタッカー・カールソンのワクチン効果を疑う報道の切り抜き動画はその対象になっていました。

7月15日には公衆衛生総監ヴィヴェック・マーシーが「SNSプラットフォームが誤情報取り締まりを強化しないかぎり、アメリカ国民の命は危険に晒される」と声明を発表。翌日にはバイデンが「フェイスブックのような企業は、誤情報取り締まりをしないことで、殺人をしているのと変わらない」と記者に発言。

それまでの水面下での圧力がけから1段階ギアを上げ、公の場で大統領の言葉で圧力をかけるようになっていたのです。

フェイスブックはバイデン民主党の圧力に屈し、8月2日に規約変更を発表し、コロナ関連の検閲強化をすることになったのでした。

■ユーチューブ・ファイル

私が普段の情報発信の場に利用しているユーチューブもバイデン民主党の圧力に晒されていました。

バイデンホワイトハウスからの最初の検閲要求があったのが、2021年4月12日です。この日、ホワイトハウス高官のロバート・フラハーティはユーチューブの親会社グーグルとコロナ誤情報対応に関する会議を行い、その日のうちに「ワクチン接種のためらいを撲滅し、ワクチンの誤情報取り締まりで協力したい」とメールを送っていました。

4月21日にまた会議が行われ、会議後フラハーティは、ユーチューブの「ボーダーラインコンテンツ」と「ワクチン接種のためらい」にフォーカスをしたフォローアップメールを送っています。ボーダーラインコンテンツとは、ユーチューブの規約に違反していないため削除・規制対象ではないが、規約変更の検討材料になる、いわゆるグレーゾーンの投稿のことです。

また、このメールの中で、「この懸念はホワイトハウスの最高レベル、文字どおり最高レベルと共有しているものだ」とつけ加え、おそらく大統領なり大統領首席補佐官クラスが目を光らせていることを伝え、ユーチューブにさらなる圧力を与えていました。

その日のユーチューブの内部メールでは「ワクチン接種のためらいに関するデータはないか」と、ホワイトハウスの要求に困惑し、ワクチン関連で削除したリストはあるが、ためらいに関するデータなど存在しないとして、ホワイトハウスの無茶ぶりに不満を漏らしていました。

翌日、ユーチューブのパブリックポリシー部門は製品部門に、「ホワイトハウスの要求が手がつけられなくなる前に、対応してくれないか」とSOSメールを送っていました。

7月19日、CNNジャーナリストのツイッターへの投稿をきっかけに、ホワイトハウスからユーチューブに対する検閲要求が激しさを増します。

この当時はアリゾナ州マリコパ郡の2020年大統領選挙結果の正確性を確かめる大規模監査が実施されていました（※拙著『左翼リベラルに破壊され続けるアメリカの現実』（徳間書店）で言及しましたが、民主党の強い要求により、監査継続の条件として「署名確認の監査をすることが禁止」されたため、不完全な監査になっていました）。

このジャーナリストはマリコパ郡の監査に関する動画を複数ユーチューブで視聴したところ、オススメ動画に反ワクチンコンテンツが表示されるようになったのです。これはユーチューブのアルゴリズムによるものですが、この投稿をフラハーティがユーチューブに問い合わせ、ユーチューブの検閲姿勢の強化を求め続けることになりました。

9月21日、ユーチューブはフラハーティに検閲強化のための規約変更の準備をしていることを伝え、内容確認のための会議の要請をします。一企業であるユーチューブが、ホワイトハウスに規約変更の内容の確認を依頼していたのです。

ツイッターもフェイスブックもユーチューブもすべて同じ道をたどっています。バイデン政権から圧力を受け続けた結果、直接的に「規約変更しろ」とは言われていないにしろ、言論の自由の侵害になる検閲に関わる内部規約の根幹をなすものを徹底して問われ続け、最後は自主的にバイデン政権の望む規約に変更しているのです。

中国のように堂々とした検閲体制を構築するのではなく、水面下で人々が知らないところで行っているという点では、中国のほうがマシかもしれません。

■共産主義という猛毒

ツイッター、フェイスブック、ユーチューブは現代の主要な情報発信・収集プラットフォームです。彼らはバイデン民主党による圧力に晒されていたわけですが、そもそもバイデン民主党政権誕生のきっかけは彼ら自身でもあります。

自分たちで生み出したモンスターに、自分たちが食われることになったのです。

これこそ共産主義社会の恐ろしさ。自分が権力者側にとって都合のいいときは快適な時を過ごすことができます。優越感に浸ることもできるでしょう。

ところが、何かのきっかけで自分が敵にされてしまうこともあるのです。

これが国家権力レベルですと抵抗する術はほとんどありません。拙著『北米からの警告』（徳間書店）で紹介したカナダの大規模抗議活動「フリーダムコンボイ」で私が学んだ「いかなる理由があっても、国に絶大な権力を付与してはならない」を、SNS企業も学んだのではないでしょうか。

誤情報の拡散を防止することは大切です。しかし、〝誰が〟誤情報と判断することができるのでしょうか。1＋1＝2というような、模範解答があるのでしたら可能ですが、情報が正確かどうかを決めることは非常に難しいこと。

マスクの効果、ワクチンの効果・安全性、ロックダウンの効果、コロナ研究所流出説など、政府や専門家が主張していたことはことごとく間違っていました。

一方で、2020年大統領選挙時に「オバマが逮捕された」「オバマの別荘をデルタフォースが急襲した」「シドニー・パウエル弁護士が軍事弁護士になった」「緊急放送でトランプ勝利が発表される」「ワクチンを打つと5Gにつながる」など、間違った情報が流れたりもしています。

どちらかの勢力が常に正しいとは限らず、誰かに依存するのではなく、自分自身で情報の取捨選択をする「情報リテラシー」を鍛えることが必要なのです。

そのためにも、自分が信じた情報が正しかったかどうかの答え合わせを常にするべきだと思っています。

④情報媒体ではなくなったメディア

■メディアの偏向

日本、アメリカ、カナダ、どこの国のメディアもそうですが、大手メディアのほとんどが政治的に左翼リベラルに偏向しています。

マスコミの役割は情報を伝えることですが、〝彼らが伝えたい〟情報を伝えるようになっていて、プロパガンダマシーンと化しています。

たくさんの情報で溢れている現代では、〝自分で〟考えて意見を出しているように思えても、実はそう考えるように誘導されている可能性があり、その原因がマスコミかもしれないのです。

■大統領選挙の偏向報道

アメリカメディアは総力を挙げて、ドナルド・トランプという男一人を止めようとしていました。大手メディアが偏った報道しかしないことは感覚で分かっていたことですが、目に見えたあからさまな偏向報道を堂々としていました。

『Media Research Center（ＭＲＣ）』がアメリカの大統領選挙に関する三大ネットワークの報道の偏りを分析しています。

三大ネットワークとは、ＡＢＣニュース、ＣＢＳニュース、ＮＢＣニュースの３社を合わせた総称です。

２０２４年大統領選挙で民主党エリートは、予備選挙で民主的に大統領候補に選ばれたバイデンを強制退場させる非民主的な反乱を起こしました。

バイデンが選挙戦撤退を発表し、ハリスが救世主のように現れた7月21日〜8月17日の間の4週間で、大統領選挙に関する報道にどれだけバイアスがあったかを調査。28日間で194本の番組、437分間の報道内容を分析したところ、民主党を後押しする偏向報道をしていることが明らかにされました。

まず、ハリス報道は221分、トランプ報道は133分で、トランプ大統領は様々なメディアのインタビューを受けたりイベントに参加し報道することが多いはずなのに、ハリスのメディア露出は66％多くなっていました。

その報道の内容は、ハリスにポジティブな発言が57件、ネガティブな発言が11件で、84％がポジティブな内容でした（ニュートラル（中立）な発言は分析から除外）。

一方のトランプ大統領に関する発言は、11件のポジティブ発言、86件のネガティブな発言で、脅威のネガティブ率89％。

２０１１年2月28日にメアリー・ワシントン大学が発表した『２００８年大統領選挙のネットワークテレビ報道』によると、２００８年大統領選挙のオバマ報道は68％のポジティブ率報道で、過去6回の選挙と比較して、メディアがオバマ寄りだったことを明らかにしました。

今回のMRCの示したハリス84％ポジティブ、トランプ89％ネガティブというのは、比較にならないレベルのものだと言えます。

副大統領候補者の報道はもっとひどいものでした。共和党J．D．バンス上院議員の報道は28日間で31分27秒、民主党ティム・ウォルズ州知事の報道は12日間で31分59秒。副大統領候補に指名されるのが後だったウォルズに関する積極的な報道が短期間にされているのが分かります。

バンス上院議員に関して92％がネガティブな内容だったのに対し、ウォルズ州知事に関する発言の62％がポジティブな内容でした。

ABCニュースはトランプ・ハリスの大統領候補者討論会、CBSニュースはバンス・ウォルズの副大統領候補者討論会を主催しましたが、どちらでも共和党候補にだけファクトチェック（という名のミスリード・誤情報）を共和党候補の発言後に差し込むという、明らかなバイアスのかかった討論会運営をしていました。

このような偏向報道に晒され続けても勝利を収めたことから、共和党トランプ・バンスコンビの強さがより示されただけでなく、メディアに操作されることなく、自分たちで考えることができるアメリカ国民の強さを知ることにもなりました。

■ジャーナリストの変化

シラキュース大学が1971年以来、約10年に一度実施しているジャーナリストを対象にした調査で、ジャーナリストに変化が起きていることが分かっています。

ジャーナリストはメディアの情報源でもあるため、ジャーナリストが変わったからメディアが変わったのか、メディアが変わったからジャーナリストが変わったのか、どちらが先かは別問題として、調査結果からかなりのリベラル化が進んでいることが分かりました。

1971年に最初の調査が実施され、1982年、1992年、2002年、2013年、そして最新が2022年1月19日〜4月10日にかけての調査でした。

調査に参加したジャーナリストを細かく見ると、425人の日刊紙記者、175人の週刊紙記者、536人のテレビ記者、104人のラジオ局記者、218人のネットニュース記者、85人のワイヤーサービス記者、57人のニュース雑誌記者です。

ワイヤーサービスとは、通信社が取材したニュースその他の情報を、加盟の新聞社

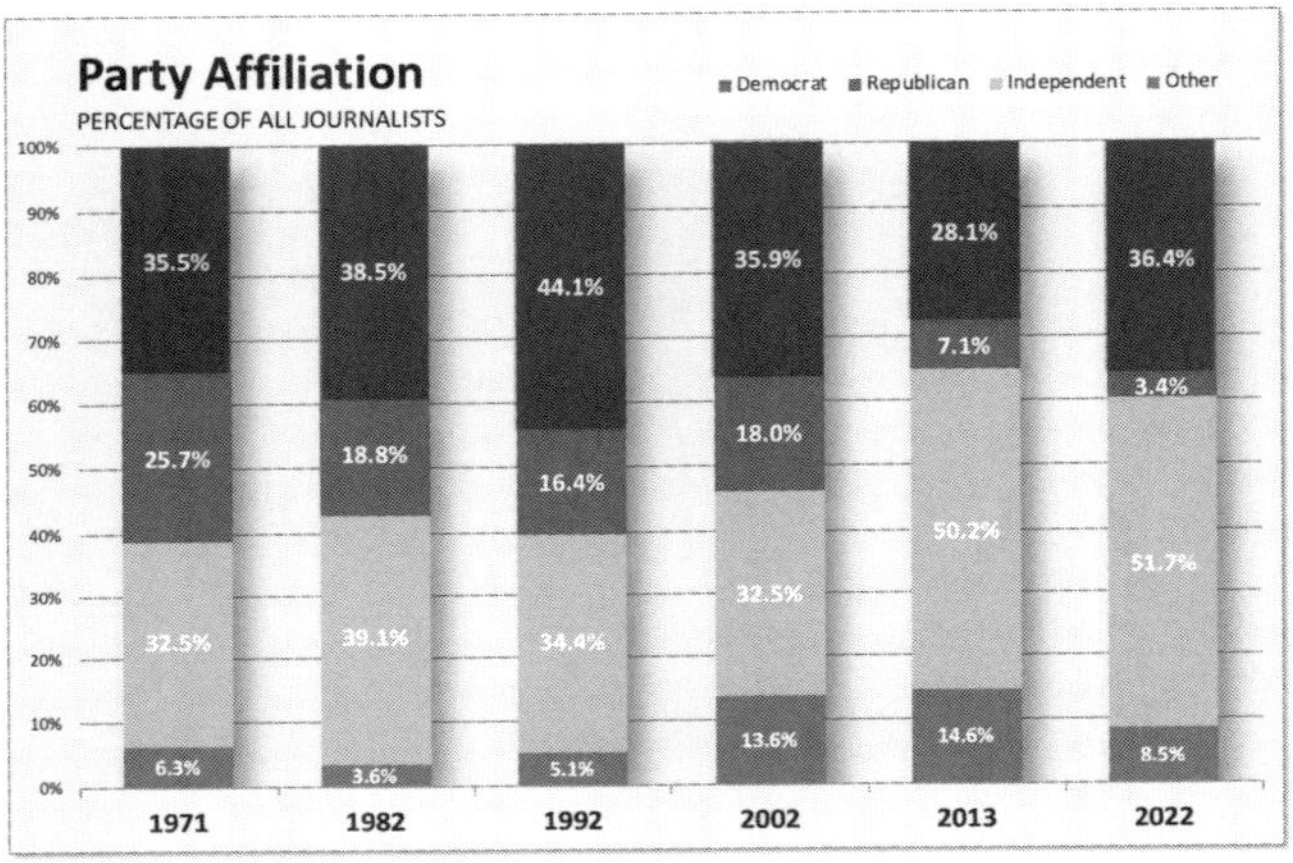

ジャーナリストの変化政党支持グラフ
出典：https://www.theamericanjournalist.org/post/american-journalist-findings

やテレビ局などのメディアに有線（Wire）で提供するサービスのことです。日本は共同通信（加盟社の分担金拠出で運営される社団法人）と時事通信（株式会社）が二大通信社と呼ばれています。

支持政党の変化を見てみると、メディアが民主党寄り、共和党嫌いの報道をするのに納得がいきます。

1971年民主党支持記者が35・5％、共和党支持の記者が25・7％、無所属が32・5％と、バランスがいいとは言い切れませんが、ほどほどのバランスでした。

ところが、ブッシュ政権・オバマ政権期を境にして共和党支持の記者が急激に減り、2022年にはわずか3・4％と絶滅危惧種と化しています。

複数の要因が重なった結果だと思いますが、調査結果の中から言えることが、女性とマイノリティ層の増加が関係していると思われます。

１９７１年調査時の女性率は20・３％でしたが、２０２２年には40・９％でした。

２０２２年中間選挙の出口調査結果を見ると、未婚女性の民主党支持率は68％と圧倒的民主党支持でした。

マイノリティ層のジャーナリストは、１９７１年５％だったのが、２０２２年には18％にまで増えています。

この調査の「マイノリティ層」の定義ははっきりしていませんが、黒人、ラテン系、アジア系が含まれることが多いです。

２０２０年大統領選挙時の黒人でバイデンに投票したのが約90％、ラテン系が62％でした。

高学歴エリートの民主党支持率は高い傾向にありますので、その影響もあるかもしれません。

いずれにせよ、明らかに政治的な偏りがジャーナリストの中であるのです。

また、「アメリカのジャーナリズムは間違った方向に向かっている」と回答したのが、全体の60％、取材などの活動で「ほぼ完全な自由がある」と回答したのは、50年前の60％から半減し、35％しかいませんでした。

このまま脱線し続けるのか、元の情報発信の責務を思い出すのか。アメリカだけでなく、世界のメディアが正気を取り戻してほしいと願っています。

⑤現代の検閲・情報統制

■新たなプロパガンダを生んだドナルド・トランプ

メディアが新たに得た世論誘導するための情報操作ツールの一つが「ファクトチェック」です。様々なメディアが独自のファクトチェックチームを設置し、政治家やインフルエンサー、さらには一般人の発言・ＳＮＳ投稿をファクトチェックしています。

２０２０年10月13日の『アクシオス』の報道によると、ファクトチェックが主流になったのはトランプ大統領の登場からだと指摘しています。

ファクトチェックはトランプ大統領就任以降、世界で200％増加しています。

2000年代前半、個人ブロガーがメディアのファクトチェックを始め、2008年～2012年、ニュース媒体がファクトチェックすべきか、ジャーナリズムとして妥当かどうかの議論がありましたが、今ではジャーナリストが政治リーダーの発言の誤りを指摘することの適切さを議論することはなくなり、新たな情報発信の在り方として受け入れられています。

■ファクトチェックの問題点

「ファクトチェック」と聞くと、「これが模範解答です」と言っているように聞こえ、真実を伝えてくれているように思ってしまいます。

このファクトチェックには2つの問題点があります。

一つ目に、そもそものファクトチェックが正確か分からないということです。

たとえば、コロナ禍中の例を挙げると、2020年2月18日『ニューヨークタイムズ』は共和党トム・コットン連邦上院議員のコロナウイルス武漢研究所流出説を否定するファクトチェック記事を出しましたが、今では主流になりつつありますし、２０２１年5月31日に『ニューヨークタイムズ』自身が、武漢研究所流出説をメディアで集団になって否定したことを非難する記事を出しています。

２０２１年12月2日『ワシントンポスト』は共和党ランド・ポール連邦上院議員の「マスクに効果はない」という発言を、「誤り」とファクトチェック記事を出しています。マスク大国日本が示してくれましたが、ワクチンをほぼ全員が打ちまくってマスクを常にしていたにもかかわらず、世界最高のぶっちぎり感染者数と死亡者数を更新し続けるという、結果を見せてくれましたし、報道に関しては前述のとおりです。

フェイスブックのファクトチェック Lead Stories は２０２２年2月8日に「バイデン政権はコカインやヘロインのような薬物を使用するためのパイプに資金提供していない」というファクトチェック記事を出しましたが、『ワシントンフリービーコン』が実際に連邦予算を出していることを指摘しています。

このように、ファクトチェックと言いながら、間違ったことを真実であるかのように報じているのです。

単なるメディアとして無能なのかどうかはさておき、新手のプロパガンダ手法の一つと言えるでしょう。

もう一つの問題が、「〝何を〟ファクトチェックするか」です。2016年12月16日に『フェデラリスト』がファクトチェック業界で有名な『PolitiFact（ポリティファクト）』のファクトチェックを分析。結果として、明らかな反保守バイアスがあったことが分かっています。

ファクトチェックされる回数が多ければ、「あぁ、この人は、この政党は嘘が多いんだ」とミスリードされる人が出てくるものです。ファクトチェック記事がなければ、誤情報・嘘を言っていることにすら気づかなくなります。

新手の世論誘導ツールの一つと言っていいでしょう。

ちなみに先述の検閲産業複合体の一部にファクトチェック団体は含まれていて、たとえば、『Poynter Institute（ポインターインスティチュート）』は国務省のGlobal Engagement Center（GEC）から資金提供を受けています。

■ファクトチェックをするのは人間

『ワシントンフリービーコン』が主要メディアのファクトチェック担当者の政治献金の履歴の調査報道を2023年6月13日にしています。

アメリカは個人の政治献金履歴を簡単にネット検索することができます。

『ワシントンフリービーコン』はトランプ大統領が政治の世界に足を踏み入れた2015年～2023年を対象に主要なメディアのファクトチェック要員と分かっている人物の履歴を調査。

調査対象は『ロイター、ニューヨークタイムズ、グーグル、ニューヨークマガジン、ヴォックス、CBSニュース、ニューリパブリック、ニューヨーカー、ナショナルジオグラフィック』のようなメディアと、40のファクトチェック団体です。

ファクトチェックに従事する個人から総額2万2683ドルの政治献金が政治団体や政党候補者にされていて、そのうちの99・5％にあたる、2万2580ドルが民主党団体・民主党候補者でした。

ファクトチェックを担当する人々にここまでの明確な政治バイアスがあれば、むしろ民主党寄りの報道になっていない方が不思議に思えるレベルでしょう。

■バイデン政権による圧力の実例

ファクトチェックにバイデン民主党が圧力をかけ、都合の悪いものを変えさせていた実例が明らかになっています。

非営利団体『Functional Government Initiative』がバイデン政権の消費者製品安全委員会（ＣＰＳＣ）に対する情報公開請求で開示させたメールで、ファクトチェックの内容を変更するように圧力をかけていたことを明らかにしたのです。

発端は２０２３年1月9日、ＣＰＳＣ理事の発言を『ブルームバーグ』が引用し、ガスコンロの禁止を検討していると報道があったことです（２０２２年12月21日にガスコンロは「子供の喘息リスクを増やしている」とする論文が中国から資金提供を受けている団体から発表され話題になっていました。実際に研究内容を見ると、アメリカの家庭では相関性が見られず、アメリカに適用すべきものではありませんでした）。

これを『スノープス』が1月10日に「バイデン政権がガスコンロ禁止を検討？」というファクトチェック記事で、“Mixture”（半分正確で、半分誤り）と判定しました。記事公開から数時間後、CPSC報道官が『スノープス』に記事内容を変更するように圧力をかけ、『スノープス』は“Mixture”から“False（誤り）”に変更しました。

CPSC報道官がホワイトハウス高官に記事内容の変更に成功した報告をしていることから、バイデンホワイトハウスからの指示があったものと考えられます。『エポックタイムズ』が入手したCPSC内部文書では、理事が「ガスコンロを禁止する十分な根拠がある」として、ガスコンロ禁止の根回しをしていたことが後に分かっていて、明らかな政府による情報操作がされていたことが分かったのでした。

ファクトチェックにファクトチェックが必要な時代がやってきています。

■ヘイト・誤情報を取り締まる法制定

「社会主義者の46の目標」の第46番目、「危機を利用して法制定をする」が、すでに言論封殺という形で実行されている国や地域がいくつかあります。

「ヘイトや誤情報からあなたを守るため」と国民に言い聞かせ、権力者にとって都合の悪いことが拡散されないようにすることが目的です。

日本にもいつの日か導入されようとするかもしれませんから、世界で起きている実例を紹介していきます。

①カナダの三つの悪法

カナダは独裁者トルドーの政権によって、三つの悪法が提案され、そのうち二つが成立しています。

一つ目は『Bill C-11 Online Streaming Act（オンラインストリーミング法）』です。カナダ・ラジオテレビ通信委員会（ＣＲＴＣ）の規制対象にネットプロバイダー・ＳＮＳを追加するものです。収益の有無・規模により、ＣＲＴＣに規制権限を付与するもので、原案（Bill C-10）では個人の投稿も厳しく規制されるものでしたが、保守党の強い反対により、ほとんどの個人は対象にならないようになりましたが、ＣＲＴＣの肥大化・権限強化につながりました。

二つ目が『Bill C-18 Online News Act（オンラインニュース法）』です。

「ＣＲＴＣが認定した」メディアはビッグテックと広告収益の交渉をすることができるもので、建前はカナダのオンラインの広告市場規模は２０２０年に１兆円で、そのうちの約80％をグーグルとフェイスブックが占め、その利益をカナダのジャーナリストに還元させるためのものです。ビッグテックがカナダメディアのニュースをタダで利用し、暴利を貪っているとして、ビッグテックにカナダメディアに利用料を支払わせようと言うのです。

ところがグーグルは１５０メディアに「ニュースショーケースプログラム」を無料提供し、年間２・５億ドルの収益をカナダメディアは上げることができていると試算されていて、アメリカ企業による搾取とは呼べません。

カナダメディアにとっては一見するといいものに見えますが、問題なのは「ＣＲＴＣの認定」が必要なのです。

たとえば『Rebel News（レベルニュース）』『True North（トゥルーノース）』のようなカナダで絶滅危惧種と化している保守系メディアはＣＲＴＣからメディアとして認定されておらず、トルドー政権からの補助金や税控除の恩恵を受けられていません。トルドー政権を擁護している主要メディアはＣＲＴＣからメディアとして認定されていて、補助金・税控除を受けられ、さらにはオンラインニュース法に基づき、ビックテックと広告収益の交渉が可能になっています（フェイスブック・インスタグラムの親会社メタはこの法律に反対し、私を含め、カナダ国内ユーザーがニュース記事をメタ社のプラットフォームで閲覧できないようになっています）。

政権に沿う報道をしないメディアは衰退するように仕向けることができる法律なのです。

三つ目の『Bill C-63 Online Harms Act（オンライン危害法）』は最悪のもので、まだ法案提出で止まっています。

様々な内容のある法案ですが、飛び抜けて危険な部分を三つ紹介します。

一つ目が「デジタルセーフティ委員会の設置」です。政府の助言でカナダ総督が指名した5人で構成される、予算が非公開の委員会。プラットフォームの監視・苦情受付し、コンテンツの削除命令ができ、カナダ政府による国民の言論監視をするための委員会です。

二つ目が「カナダ人権委員会に匿名でヘイトの苦情申し立てをすることを可能にする」ということです。

カナダ人権委員会によって「ヘイト・有害」と認定された場合、投稿の即時削除と賠償（最大2万ドル）と罰金（最大5万ドル）を科せられるのです。

匿名ですから、誰が通報したのか分からないまま、200万円の賠償金を通報者に支払わさせられ、500万円の罰金を国に支払わなければならなくなるかもしれないのです。

カナダ政府の左傾化は激しいですから、左翼活動家と協調しています。

たとえば「男性は女性になれない」「男性は妊娠できない」「女性スポーツは生物学的女性のみが参加すべき」のような当たり前なのに左翼が発狂するようなことを言うと、700万円が吹っ飛んでいくことになるかもしれないのです。

三つ目が刑法810条「平和の保証人」の改正です。暴力・器物破損の恐怖があると認められた場合、対象者の行動を制限する法律ですが、ストーカーや報復を抑制するためのものです。

ここに「ヘイトプロパガンダ・ヘイト犯罪の恐怖」が追加されようとしているのです。「合理的な理由」という、裁判官が解釈し放題のあやふやな基準で、攻撃的・差別的な行動・発言をする〝可能性〟がある場合に適用できるとされていて、まだなにもしていなかったとしても最大で禁錮12カ月や自宅軟禁、ＧＰＳ監視などを可能にします。

つまり、左翼活動家が気に入らない先述の反過激ＬＧＢＴＱ発言のようなものが抵触してしまうかもしれませんし、保守系活動家がイベント・抗議活動を計画しているだけで「ヘイト拡散のおそれがある」として、逮捕されてしまう危険性が出てくるのです。

「いくらなんでもそんな滅茶苦茶なことするわけないでしょ。被害妄想が酷い」と思っているようでしたら、あなたはカナダトルドー政権の滅茶苦茶ぶりを知らなさすぎです。

２０２２年2月のフリーダムコンボイという大規模抗議活動で、私を含めて抗議活動に参加している人々を「敵」認定し、徹底弾圧されました。

私は幸運にも対象になりませんでしたが、アルカイダやタリバンのようなテロ組織の資産凍結に適用される法律をトルドーに歯向かうカナダ国民に適用し、銀行口座の凍結をされてしまった人がいます。

カナダ国民をトルドーはテロリスト扱いしているのです。このときに濫用した「緊急事態法」によって、この大規模抗議活動は潰されました。詳細は拙著『北米からの警告』（徳間書店）をご一読ください。日本で議論されている憲法改正の「緊急事態条項」がいかに危険な可能性を秘めているものかが分かると思います。

平和なイメージのあるカナダでも、中国共産党かと思うような恐しい法律が制定・審議されているのです。

②スコットランドのヘイト取り締まり

2024年4月1日に施行された『ヘイト犯罪・公共の秩序法』は、2021年に成立していた法律でした。

年齢、障害、宗教、性的指向、トランスジェンダーアイデンティティなどを攻撃することを警察が取り締まることが可能になり、最大で禁錮2年の罰則があります。

警察はヘイト犯罪第三者報告センターを設置し、思想警察のような働きをしています。スコットランド教育組合の発表によると、法施行に合わせてヘイト・レポーティング・ハブを411カ所設置し、匿名で教員や生徒の苦情を報告することができる仕組みになっています。

4月4日の『テレグラフ』がスコットランド警察連盟の元事務総長に取材したところによると、法施行24時間で3800件近い通報があり、4日までに6000件を超え、担当警察に残業が発生しているということです。この法律に反対している『ハリーポッター』作者で有名なJ．K．ローリングは活動家の標的にされ、多数の通報がされていることを警察が認め、「捜査対象ではない」と明言する事態になっていました。LGBTQ左翼活動家によって悪用されていて、活動家に無駄な税金を使わなければならなくなっているのです。

7日に『デイリーメール』が警察に取材したところ、「捜査対象は1％未満だった」と、ほとんどが単なる言いがかりのようなものだと分かっていますが、保守勢力を黙らせるために利用されていることがよく分かります。

グローバリストが国境をなくす世界モデルにしているEUでは、『デジタルサービス法』が制定され、イーロン・マスク率いるX社が標的にされています。

長年民主党に投票してきたマスクは2024年大統領選挙ではトランプ大統領を全面的に支持・支援しました。何百億円という資金を投入するだけでなく、トランプ大統領の選挙ラリーに参加、自らが選挙イベントを主催し、有権者登録の推進をするなど積極的にトランプ大統領を支援しました。

マスクは民主党によるアメリカ破壊を食い止めることを大きな目的にしていたこと

は間違いありませんが、第二次トランプ政権によるX社の保護も求めていたと思います。

バイデン民主党政権はマスクを目の敵にし、ブラジルやEUによる滅茶苦茶なマスクへの攻撃・要求に黙り、アメリカ政府機関からもX社への司法・政府権力を武器化した攻撃を繰り返していました。

少なくともこれからの4年間は、トランプ政権による強烈な容赦ない仕返しを恐れ、グローバリストはX社だけでなく、アメリカ企業に手を出すことはなかなかできないでしょう。

「マスクが保身のためにトランプ支持をした」なんてことは微塵も思っておらず、そういうことを言いたいのではなく、トランプ政権でなければX社があらゆる手段を使って潰されてしまい、言論の自由は失われてしまっていたかもしれないということです。

■AIを使った情報統制

「2045年問題」とも呼ばれる、シンギュラリティをご存知でしょうか。

人工知能（ＡＩ）が自己フィードバックを繰り返すことで、人間を超えてしまうかもしれないという懸念です。

ここ数年でＡＩは様々な分野で導入・利用されるようになっていて、その技術は目覚ましい発展を遂げています。

シンギュラリティの世界に到達する前に、人間によって人間を支配するためにＡＩが利用されるかもしれません。すでに検閲・情報統制にＡＩが利用され、さらなる計画が検討されていることが明らかになっています。

①チャットＧＰＴ

様々な名称がつけられた、様々な特徴をもつＡＩが登場していますが、ＡＩの中でもっとも知名度があるのは「チャットＧＰＴ」ではないでしょうか。

２０２３年８月17日に学術誌『パブリックチョイス』に掲載されたイーストアングリア大学の研究で、チャットＧＰＴに「構造的な左翼・リベラルバイアスがある」ということが明らかにされました。

政治的に偏った質問からニュートラル（中立）な質問を問いかけ、ランダム回答の可能性を排除するために100回チャットGPTに同様の質問を繰り返したところ、イギリスの労働党、アメリカの民主党のようなリベラル政党に好意的な反応を示したのです。

研究チームは、インターネット上のテキストデータを参考にした結果の可能性や、アルゴリズムでそのように設計されている可能性を指摘しています。

同様の報告は3月2日に『ソーシャルサイエンス』誌にもされていて、AIが普及されることで、自然と左翼・リベラルバイアスが浸透していく危険性があります。

②国防総省の計画

『インターセプト』は2024年10月17日に、国防総省特殊作戦軍の76ページの内部資料を閲覧した記事で、米軍が「人間として認識できるが、現実世界には存在しない個人であるように見えるオンライン・ユーザー・プロフィールを作成する能力」を求めていて、「それぞれが複数の表情と政府識別品質の写真の特徴」をもつ技術を求めていることが明らかにされました。

この能力を使って、「一般のオンライン・フォーラムから情報を収集する」と文書に記されているということですが、人工的に作成されたインターネット・ユーザーがどのように使われるのかについての詳しい説明（単なる情報収集なのか、投稿・コメントをして世論誘導をする能力も求めているのかなど）はなかったということです。

特殊作戦軍の内部文書を基にした『インターセプト』の報道は2023年3月6日にもあり、このときは「ディープフェイク」を使ったインターネットプロパガンダの模索をしているというものでした。

ディープフェイクとは、「ディープラーニング（深層学習）」と「フェイク（偽物）」を組み合わせた造語で、AI技術を利用して動画や音声を合成・編集することで、まるで本物のような偽画像、偽音声、偽映像を作成することができます。

米軍の情報工作戦略の一環で、ディープフェイクを利用することを望んでいて、すでに実用化されていると考えるべきです。

③G7と連邦上院議員の発言

G7広島サミットのコミュニケでAIに関する言及がされています。

「AI、またメタバースのような没入型技術、量子情報科学技術、その他の新興技術といった分野において、デジタル経済のガバナンスは、〝我々が共有する民主的価値に沿って〟更新し続けられるべきである。（中略）これらの議論は、ガバナンス、著作権を含む知的財産権の保護、透明性の促進、〝偽情報を含む外国からの情報操作への対応〟、これらの技術の責任ある活用といったテーマを含み得る」と、権力者主導による、彼らが正しいものと信じているもの、信じさせたいものを推進するために利用されかねないような文言が盛り込まれていました。

アメリカではすでに議会で動きがあり、民主党連邦上院議員5人（1人は無所属だが、民主党として活動）が2024年7月22日にオープンＡＩ社にレターを送り、安全性に関するデータを提供するように求めています。

発端は内部告発者によって、ＡＩ開発の速度が優先され、安全性が軽視され、その問題を口外しないような契約をさせられていることが明らかにされたことを受けたものです。

オープンＡＩ社に問題があるのは否定できない事実ですが、ロシア疑惑のときと重なるところがあります。ロシア疑惑は「トランプ大統領とロシアが結託している」という、根も葉もない嘘でしたが、それを利用してツイッターを脅し、検閲を強化させせていたことは先述しました。

「社会主義者46の目標」の第46番目のとおり、危機的状況はグローバリストが人々を管理しやすくするための権力肥大化の絶好のチャンスなのです。

第二次トランプ政権発足により、グローバリストによって急速に進められた検閲・情報統制は、少なくともアメリカでは歯止めがかかることが期待されます。連邦政府機関が関与することを認めないと選挙前から宣言していたため、検閲産業複合体は機能しなくなるはずだからです。

世界で情報拡散に使われているSNSプラットフォームのほとんどがアメリカ企業のものです。グーグル（ユーチューブ）、メタ（フェイスブック・インスタグラム）、Xなど。

EUや国連による検閲要求は続くことが予想されますが、トランプ大統領が黙っていないでしょう。国境の破壊や検閲・情報統制という、グローバリストがこの4年間で世界支配のために急速に進めたことが、今まさに覆されようとしています。

エピローグ

トランプは日本を救わない

「アメリカファースト」（自国第一）がトランプ大統領の根底にある考え方です。

国境をなくして単一にし、人々が自由に思考・行動することを嫌うグローバリストと正反対の考え方であり、トランプ勝利はグローバリストの敗北を意味し、そういう意味ではトランプ大統領は〝世界〟を救ったと言えるでしょう。

同時に「トランプは〝日本〟を救わない」ということも肝に銘じておかなければなりません。

アメリカファーストに動くトランプ政権とグローバリストに操られていたバイデン民主党政権では、日本（だけではなく、世界のすべての国）はまったく違うことが求められるのは間違いありません。

バイデン民主党政権のときは、言われたとおりにカネを出し、言われたとおりにロシアに喧嘩を売り、その反動による物価高・エネルギー価格高騰に国民が文句を言いだせば、国民から搾り取った税金を使って補助金バラマキで一時しのぎ、あまりにもうるさくなれば「憲法改正をするのは今しかない！」と話題を逸らして不満の声を抑える。

カネで楽できるのが民主党政権だったのです。

トランプ政権は関税交渉、在日米軍駐留費「思いやり予算」増額、円安批判のように、日本に対する圧力をかけてくるのは間違いありません。国務長官にマルコ・ルビオ連邦上院議員、国家安全保障補佐官にマイク・ウォルズ連邦下院議員、通商代表部にロバート・ライトハイザーという、対中国強硬派の起用が発表されていますから、軍事的にも経済的にも米中関係は緊張することは間違いありません。

日本も「ジャパンファースト」で対等な交渉を行わなければ、大損することは誰しもが容易に想像できるでしょう。

グローバリストが夢見る世界単一国家支配の構図ではこのようなエネルギーが必要になる交渉は必要なくなりますから、日本の政治家にとっては楽できる環境だったでしょうが、これからの少なくとも4年間はアメリカファーストに呑み込まれないようしなければなりません。

第四章で第34代アメリカ合衆国大統領ドワイト・アイゼンハワーの退任演説で「軍産複合体」について警告したことを紹介しましたが、この演説では私たちがこれからの激動の世界情勢を生き抜くために必要な心構えにも触れていました。

「警戒心や見識のある国民だけが、巨大軍産マシンを平和的な手段と目的に沿わせることができる」

本書を手にしている人はおそらく全員がメディアの偏向に気づいていると思います。

第四章でその実態を詳述しましたが、情報というのは人を左右する力があるものです。

その能力を権力者はよく知っているからこそ、コントロールできるようにしようとするのです。

残念ながら多くの一般の人々は、メディアが偏っていることに気づいていないか、問題に思っていません。かつての私がそうでした。


メディアは嘘をつかない。

メディアは平等で必要な情報を伝えてくれている。

メディアで目にしない情報は陰謀論で怪しい話。

メディアで見たこと、聞いたことがないことを言う人とは関わらない方がいい。


2020年夏まで私自身がこのような考え方をしていました。

2020年大統領選挙前まで、私は反トランプでした。理由はメディアが「トランプは悪者」と言っていたからです。

オクラホマ州タルサの選挙集会で起きた妨害事件をきっかけにメディア報道に違和

感を覚え、その後、不法移民問題の実態を知ったことで、国境の壁建設の重要性を知り、トランプ大統領に対する見方が変わりました。それは同時に「メディアは必要な情報を伝えていない」と実感することにつながり、極端に言うと「ダマされていた」と思うようになりました。

人それぞれきっかけは違うにせよ、トランプ大統領の登場やコロナ騒動は、人々の情報に対する見識を変え、自ら情報を得ることの大切に気付けた人を増やすことにつながったと思っています。

アイゼンハワー大統領は「巨大軍産マシン」を指していましたが、急速に発展する情報社会では情報にも同じことが言えるでしょう。

二期目のトランプ政権が決まったわけですが、バイデン民主党・グローバリストによって破壊された世界秩序を元通りにすることは不可能でしょう。それだけ各国が力をつけていますし、今後また悪夢の民主党政権が誕生して振り回されることに嫌気している国も多くあるはずです。

これからの4年間はグローバリストにとって、対アメリカは力を蓄える休眠期間に入るでしょうが、その代わりにEUや日本のような国に的を絞って影響力の行使をしてくるかもしれません。なぜか日本で新技術のワクチン大規模接種が始まったように、文句を言わない日本にしわ寄せがくる4年間になるかもしれません。

トランプは世界を救いましたが、日本は救いません。

日本を救うことができるのは、日本国民だけなのです。トランプ大統領のような影響力も権力もない私たち一般人にできることは、受け身ではなく、常に警戒心をもち、見識を広げ続けることです。本書で紹介した「社会主義者の46の目標」は、「グローバリストの46の目標」でもあります。

世界に誇る祖国日本がこれからの4年間、さらにその先にかけ、グローバリストによって好き放題されないようにするためにも、本書がグローバリストの脅威を一人でも多くの人に気づいてもらえるきっかけになれば幸いです。

やまたつ

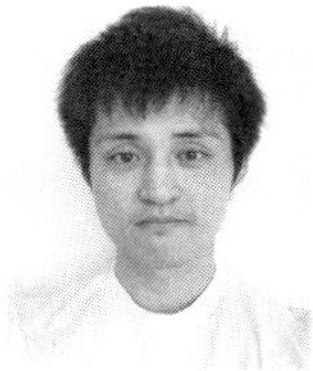

1991年生まれ。愛知県出身。カナダ・バンクーバー在住。2019年に永住権を取得。日本メディアが伝えないニュースがあまりにも多いことに気づき、YouTube番組『カナダ人ニュース』を立ち上げ、情報発信を始める。現在登録者数18.2万人。2022年12月に初の著書『左翼リベラルに破壊され続けるアメリカの現実』（徳間書店）を上梓。以降『北米からの警告』（徳間書店）、『緊急レポート！謀略と戦争を仕掛け、敗北するアメリカ』（ビジネス社）、『日本人が知らない「陰謀論」の裏側』（徳間書店）、『裸の共産主義者：虹色の狂気の正体』（amazon Independently published）をリリース。

YouTube：@canadiannews_yt
X：@debutanuki_yt
Substack：canadiannews.substack.com

トランプ圧勝　なぜ米国民は彼を選んだのか
日本では報道されない「悪夢の米国民主党政権」

第1刷　2024年12月31日

著　者　やまたつ

発行者　小宮英行
発行所　株式会社徳間書店
〒141-8202　東京都品川区上大崎3-1-1 目黒セントラルスクエア
電話　編集 03-5403-4344／販売 049-293-5521
振替　00140-0-44392

印刷・製本　三晃印刷株式会社

ISBN978-4-19-865933-2

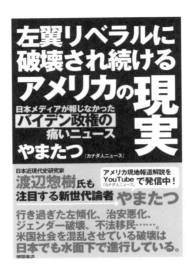

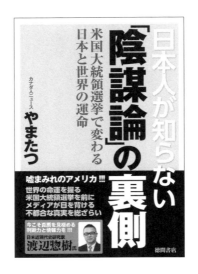